Alpin-Lehrplan Band 1

Karl Schrag

**Bergwandern
Trekking**

ALPIN-LEHRPLAN BAND 1

Karl
Schrag

Bergwandern
Trekking

blv

Die Deutsche Bibliothek – CIP-Einheitsaufnahme

Ein Titeldatensatz für diese Publikation ist bei Der Deutschen Bibliothek erhältlich

Bildnachweis:
Archiv DAV: S. 87, 92, 93
Avocet/Vertech Alpine: S. 72
Christoph Krah: S. 7 li., 12 (4), 13 o. li., o. Mi. li., o. Mi. re., o. re., 14, 15 (5), 16 (5), 17 (4), 18, 19 o. li., u., 22 u. li., u. re., 23 Mi., re., 24 o. li., o. re., u. re., 25 (3), 26/27, 39 re., 43
Mithra Omidvar: S. 2/3
Bernd Ritschel: S. 6 re., 7 re., 20/21, 28/29, 62, 73 u., 84/85, 94/95
Karl Schrag: S. 6 li., 10/11, 13 Mi., u., 19 o. Mi., o. re., 22 o., 23 li., 30, 31 (3), 32 (2), 33 (2), 35, 36, 37, 39 li., 40, 42, 44, 47, 50, 52, 53 (2), 54, 56 (2), 57, 60, 61, 64, 67 (4), 71, 74, 75, 76, 77 (2), 79, 80
Silva: S. 73 o.
Karin Steinbach: S. 38, 96, 97
Stefan Witty: S. 86 (2), 90 (2), 91
Heinz Zak: S. 81

Umschlagfoto: Bernd Ritschel
Umschlaggestaltung: Joko Sander
Werbeagentur, München
Alle Grafiken Kartographie Huber, München (S. 51 nach Vorlage von Georg Sojer aus: Pepi Stückl/Georg Sojer: »Bergsteigen«, mit freundlicher Genehmigung des Bruckmann Verlags) außer Jörg Mair: S. 24

Lektorat: Karin Steinbach

Layout und Umbruch: Christoph Krah

Sechste, überarbeitete Auflage

BLV Verlagsgesellschaft mbH
München Wien Zürich
80797 München

© BLV Verlagsgesellschaft mbH, München 2001

Das Werk einschließlich aller seiner Teile ist urheberrechtlich geschützt. Jede Verwertung außerhalb der engen Grenzen des Urheberrechtsgesetzes ist ohne Zustimmung des Verlages unzulässig und strafbar. Das gilt insbesondere für Vervielfältigungen, Übersetzungen, Mikroverfilmungen und die Einspeicherung und Verarbeitung in elektronischen Systemen.

Druck und Bindung: Passavia Druckservice GmbH, Passau

Gedruckt auf chlorfrei gebleichtem Papier

Printed in Germany · ISBN 3-405-16226-2

Herausgeber:
Deutscher Alpenverein (DAV) und Verband Deutscher Berg- und Skiführer (VDBS) in Zusammenarbeit mit dem Alpenverein Südtirol (AVS)

Offizieller Lehrplan der folgenden alpinausbildenden Verbände:
- Deutscher Alpenverein
- Alpenverein Südtirol
- Verband Deutscher Berg- und Skiführer
- Bundeswehr, Heeresbergführerausbildung
- Polizeibergführerverband
- Touristenverein Die Naturfreunde

Folgende Firmen unterstützen die Produktion der Alpin-Lehrpläne und zum Teil die Lehrteams der alpinausbildenden Verbände:
- Krimmer Outdoor Systems: Modan-Rucksäcke
- Leki: Trekkingstöcke
- Onneken Meß- und Prüftechnik: Avocet-Höhenmesseruhren, Silva-Kompasse und Thommen-Höhenmesser
- Reebok: Trekking- und Outdoorschuhe

Autoren der einzelnen Kapitel:

Karl Schrag
»Bewegungstechnik«, »Sicherungstechnik«, »Theoretische Grundlagen«
- Jahrgang 1949
- Staatlich geprüfter Berg- und Skiführer
- Stellvertretender Ausbildungsleiter beim Deutschen Alpenverein
- Mitglied des Lehrteams Bergsteigen im Deutschen Alpenverein
- Mitglied im Ausbildungsteam der Berufsbergführer
- mehrere Trekkingtouren und Expeditionen im Himalaja und in Südamerika

Stefan Witty
»Umwelt- und Naturschutz«
- Jahrgang 1961
- Diplombiologe
- Leiter der Abteilung Natur- und Umweltschutz des Deutschen Alpenvereins

VORWORT

Das Bergsteigen mit seinen unterschiedlichen Spielformen zählt zu den attraktivsten Natursportarten. Jedes Jahr zieht es Tausende von erlebnis- und erholungshungrigen Wanderern und Bergsportlern in die Alpen und die Berge der Welt, um ihren individuellen Leidenschaften und Zielsetzungen in einer weitgehend intakten Natur nachzugehen. Für viele von ihnen ist Bergsteigen ein idealer Lifetime-Sport, der den notwendigen Ausgleich in einer zivilisationskranken Konsumgesellschaft leisten kann.

Der Deutsche Alpenverein als der weltgrößte Bergsteigerverband stellt sich seiner besonderen Verantwortung und hat nicht nur die Bergwelt der Alpen mit erschlossen, sondern sich auch seit seinen Gründertagen um die Ausbildung und Sicherheit der Bergsteiger bemüht. Dazu gehört die Ausbildung der staatlich geprüften Bergführer in kooperativer Zusammenarbeit mit dem Verband Deutscher Berg- und Skiführer, die Ausbildung der ehrenamtlichen Führungskräfte als wichtige Multiplikatoren in den Sektionen des Deutschen Alpenvereins, die international anerkannte und führende Arbeit des DAV-Sicherheitskreises und die Herausgabe von Unterrichtsmaterialien und Lehrschriften, um hier nur die bedeutendsten Aktivitäten zu nennen.

Ein fester Bestandteil in der Ausbildungsarbeit aller alpinausbildenden Verbände im deutschsprachigen Raum ist die Lehrplanreihe des Deutschen Alpenvereins, die in ihrer ursprünglichen Konzeption Anfang der achtziger Jahre veröffentlicht wurde. Angesprochen wurden hauptsächlich alle Ausbilder, die in den verschiedensten Funktionen und mit den unterschiedlichsten Zielsetzungen Alpinunterricht in Praxis und Theorie vermittelten, wenngleich die einzelnen Praxis- und Theoriebände des Alpin-Lehrplans mit der Zeit zum Standardwerk für alle Wanderer und Bergsteiger wurden.

Heute hat sich gemäß der aktuellen Entwicklung im Alpinismus die Zielrichtung des Alpin-Lehrplans verändert: Genauso wie die Zahl der Bergsportler zunimmt, hat sich auch deren Wunsch nach Selbständigkeit entwickelt. Weil das Bergsteigen kein geeignetes Feld für den Autodidakten nach der »Try and error«-Methode darstellt und die beste Empfehlung nach wie vor nur lauten kann, eine qualifizierte Ausbildung in Praxis und Theorie unter kompetenter Anleitung zu absolvieren, gibt der Deutsche Alpenverein in Zusammenarbeit mit dem Verband Deutscher Berg- und Skiführer mit dem neuen Alpin-Lehrplan eine sorgfältig nach den neuesten Erkenntnissen erstellte Buchreihe heraus, die alle Praxis- und Theoriebereiche des Alpinismus abdeckt.

Adressat ist nicht nur der Alpinausbilder, sondern vor allem der »Normalbergsteiger«, der ein gut verständliches, auf das Wesentliche beschränktes Lehrbuch sucht, das alle praxisrelevanten Themen des Alpinismus behandelt. Neben den elementaren Kapiteln der Bewegungstechnik und -taktik, der Sicherungstechnik und der sicherheitsbezogenen Theorie hat in den neuen Alpin-Lehrplan als Hauptkapitel auch der spezifische und praxisorientierte Naturschutz Eingang gefunden.

Nicht zuletzt deshalb glaubt der Deutsche Alpenverein und das kompetente Autorengremium, daß der neue Alpin-Lehrplan alle Anforderungen an ein modernes Standardwerk für den Bergsteiger erfüllt.

Josef Klenner
Erster Vorsitzender des
Deutschen Alpenvereins

INHALT

Vorwort — 5

Einführende Gedanken zum
Alpin-Lehrplan — 8

Einführung — 9

Gehen und Steigen — 12
Gehen aufwärts und abwärts 12
Gehen auf Gebirgswegen und -steigen 13
Gehen in weglosem Gelände 14

Sonderformen — 18
Begehen leichter Klettersteige 18
Überqueren von Wildbächen 19

**Anwendung der alpintechnischen
Ausrüstung** — 22
Gehen mit Skistöcken 22
Einsatz von Eispickel und Leichtsteigeisen 23

Sicherungsmethoden — 24
Anbringen eines Hilfsseils 24
Eigensicherung auf leichten Klettersteigen 25

Ausrüstung und Bekleidung — 28

**Planung und Vorbereitung von
Bergwanderungen** — 33
Wahl des Tourengebiets 33
Vorbereitungen vor Antritt der Tour 34

Taktik beim Bergwandern — 35
Aufbruch 35
Überprüfen der Wetterlage 36

Aufwärmen 36
Gehtempo 36
Wärmeregulierung 37
Pausen 37
Flüssigkeitszufuhr und Ernährung 37
Verhalten bei schlechter Sicht 38
Verhalten bei Gewitter 38

Bergwandern in Gruppen — 40
Abstimmung der Tour auf die Kondition
der Teilnehmer 40
Gruppenstärke 40
Organisatorische Grundregeln 40
Marschordnung 41

Führungstaktik — 42
Auswahl des Wanderziels und
Wegführung 42
Tourenführung 42
Kontakt zur Gruppe 43
Pausengestaltung 43
Führen in weglosem Gelände 43
Sicherungsmaßnahmen 43

Notfälle im Gebirge — 44
Maßnahmen am Unfallort 44
Die Erste-Hilfe-Ausrüstung 45
Erste Hilfe bei Verletzungen 45
Abtransport von Verletzten 47
Alpines Notsignal 49
Unfallmeldung 49
Verhalten am Unfallort bei Eintreffen der
Rettung 50

Wetterkunde — 52
Wetterentwicklung 52
Typische Wetterlagen in den Alpen 53

Orientierung — 60
Vorbereitende Orientierung 60
Wegmarkierungen 61
Orientierung im Gelände 63

**Trekking – Wandern in den Bergen
der Welt** — 74
Vorbereitung 75
Training 76
Organisation 77
Zusätzliche Ausrüstung für Trekking-
unternehmungen 77
Höhenanpassung 78
Die schönsten Trekkinggebiete 80
Apotheke für Bergsteiger und Trekker 82

Umwelt-
und
Naturschutz 85

Bedeutung der Alpen — 86

Umwelt- und Naturschutz in den Alpen — 87
Anreise 87
Unterwegs 88
Übernachtung auf Schutzhütten 92
Glossar 96
Literatur 97

Anhang — 98
Adressen und Telefonnummern der alpinen
Vereine 98

EINFÜHRENDE GEDANKEN ZUM ALPIN-LEHRPLAN

Unterhält man sich in unseren Tagen über das Bergsteigen, dann ist es gar nicht so selbstverständlich, über das gleiche zu sprechen. Das Bergsteigen ist in den Jahren, mit all seinen verschiedenen Aktivitäten, überaus vielfältig geworden. So unterschiedlich sich die Spielformen darbieten, so gehen auch die Beweggründe und Zielsetzungen des einzelnen auseinander. Wo der eine leistungsorientiert die sportliche Auseinandersetzung anstrebt, sucht der andere sein Erlebnis in der Beschaulichkeit der Natur. Durch diese Gegensätzlichkeiten wurde das Bergsteigen ein sehr komplexes Thema.

Sie halten einen neuen Alpin-Lehrplan in Händen, mit einem Konzept, das Ihnen vielschichtig und umfassend die Thematik des Bergsteigens näherbringen soll. Jeder der Bände steht für einen bestimmten Bereich und ist in sich abgeschlossen. Während mit dem Vorgänger dieser Lehrplanreihe vor allem der Kreis der Ausbilder angesprochen wurde, sind diese Bände vom Konzept und vom Inhalt her für alle gedacht, die sich in irgendeiner Form dem Bergsteigen verschrieben haben.

Diese Lehrpläne sind mit der Gliederung in vier Hauptkapitel auf die alpine Praxis ausgerichtet. Das »Wie geht's« erfahren Sie im Kapitel »Bewegungstechnik«. Unter »Sicherungstechnik« finden Sie alles, was die Sicherung betrifft. Was sonst noch wissenswert ist, um sicher unterwegs zu sein, wird praxisorientiert unter den »Theoretischen Grundlagen« beschrieben. Tips und Anregungen für umweltverträgliches Verhalten holen Sie sich im Kapitel »Umwelt- und Naturschutz«.

Der Verband Deutscher Berg- und Skiführer ist zusammen mit dem Deutschen Alpenverein Herausgeber dieser Lehrplanreihe. Der Verband ist sich der Verantwortung bewußt, die er hiermit übernommen hat. Doch neben einem hohen Maß an Sicherheitsbewußtsein ist das Übernehmen von Verantwortung eine der grundlegenden Aufgaben eines jeden Bergführers. Unter dem Grundsatz »Erfolgserlebnis durch Sicherheit und kalkulierbares Risiko« ist der VDBS seit jeher bestrebt, die verschiedenen Techniken des Bergsteigens zu formen und weiterzuentwickeln.

Die Autoren sind ausschließlich staatlich geprüfte Berg- und Skiführer und Mitglieder des Lehrteams für die staatliche Bergführerausbildung. Ihre langjährige Berufserfahrung sowie die professionelle Einstellung zur Thematik spiegelt sich im Inhalt dieser Bände wieder. Es wird keinesfalls der Anspruch auf Vollständigkeit erhoben, eher soll hier das Elementare, das Wesentliche, »das, was man braucht« herausgestellt werden.

Allerdings gibt es gerade beim Bergsteigen entscheidende Punkte, die sich schwerlich darstellen lassen, die man auch aus einem Lehrbuch nicht erlernen kann. Dies betrifft hauptsächlich die geistige Auseinandersetzung mit dem Medium Natur und Gebirge. Leider haben wir »Zivilisationskrüppel« verlernt, Zeichen der Natur zu sehen, zu erkennen, umzusetzen und zu nützen – wir haben einen wichtigen Instinkt verkümmern lassen. Nur mühsam gelingt es uns, Bruchteile dieser Fähigkeiten zurückzugewinnen.

Das Beherrschen der verschiedensten Techniken darf nur als Basis, als Grundvoraussetzung angesehen werden. Um wirklich sicher unterwegs zu sein, bedarf es mehr.

Peter Geyer
Präsident des Verbandes Deutscher Berg- und Skiführer

EINFÜHRUNG

Bergwandern ist Bergsteigen in seiner grundlegenden und ursprünglichen Form: das Gehen und Steigen bergauf und bergab, wobei die Beine die Hauptarbeit verrichten und nur gelegentlich die Hände gebraucht werden, um das Gleichgewicht zu halten. Es ist zugleich auch die älteste und klassische Form des Bergsteigens, aus der sich alle weiteren Spielarten des Alpinismus wie Felsklettern, Eisgehen, Skibergsteigen usw. entwickelt haben.

In der heutigen Zeit ist Bergwandern die am meisten betriebene Form des Bergsteigens, und es genießt in unserer Gesellschaft einen hohen Stellenwert. Dies hat verschiedene Gründe.

Mit Bergwanderungen kann man sich wertvolle positive Eindrücke wie Natur-, Erfolgs- oder Gruppenerlebnis erschließen. Die gleichmäßige Dauerbelastung des Bergwanderns hat außerdem einen hohen gesundheitlichen Nutzen. Diese Punkte zusammen geben dem Bergwandern einen großen Erholungswert.

Das Bergwandern hat in den letzten Jahren einige neue Dimensionen erfahren. Alpine Weitwanderungen führen auf durchgehenden Wanderwegen (Höhenwegen) mit bis zu zwanzig Tagesetappen und Übernachtungen auf Berghütten durch die schönsten Alpenregionen. Beim Fernwandern auf den Europäischen Fernwanderwegen sind gerade die Alpenetappen besonders beliebt. Außeralpines Trekking ist Bergwandern in wenig erschlossenen Gebirgsregionen (Anden, Karakorum, Himalaja) mit Übernachtung in Zelten und mit eigener Verpflegung. Meistens besorgt einheimisches Begleitpersonal (Sherpas, Arrieros) den Gepäcktransport sowie die Versorgung der Trekkinggruppe.

Der vorliegende Lehrplan behandelt alle wichtigen Gebiete des Bergwanderns. Er vermittelt dem Einsteiger das notwendige Wissen und die wichtigsten Fertigkeiten, die er zum selbständigen Bergwandern benötigt. Er ersetzt jedoch nicht die praktische Erfahrung, die nur durch eigenes Handeln, also die Durchführung von Bergwanderungen, gesammelt werden kann.

Ferner ist der Lehrplan aber auch die Grundlage für den Wanderführer, der mit kleinen Gruppen auf markierten Wegen im Gebirge unterwegs ist.

Karl Schrag

Bewegungstechnik

BEWEGUNGSTECHNIK

GEHEN UND STEIGEN

Bergwandern ist von der Bewegung her denkbar einfach zu erlernen und von früher Jugend bis ins hohe Alter ausführbar. Die Bewegungstechnik besteht in der Hauptsache aus Gehen und Steigen. Diese Bewegungsformen gehören wie alle Alltags- und viele Arbeitsbewegungen zu den erworbenen motorischen Grundfähigkeiten des Menschen.

Die Hauptarbeit wird von der Beinmuskulatur geleistet. Beim Bergwandern werden selten zusätzlich die Hände und Arme zum Stützen oder Ziehen benützt. Gegenüber der Alltagsmotorik werden jedoch erhöhte Anforderungen an den Gleichgewichtssinn, die Grundlagenausdauer sowie an die Kraftausdauer spezieller Muskelgruppen (Gesäß, Oberschenkel, Waden) gestellt. Dies gilt vor allem bei langen Touren mit großen Höhenunterschieden.

Ungewohnt schweres Gepäck beeinträchtigt die Bewegungsausführung noch einmal besonders.

Rechts:
Kleine Schritte im Aufstieg

Unten:
Verlagerung des Körperschwerpunkts im Aufstieg

Gehen aufwärts und abwärts

Aufwärts- oder Abwärtsgehen erfordert eine zeitlich und kraftmäßig besser dosierte Körperschwerpunktverschiebung als der Schritt in der Ebene, um sicher und ökonomisch vorwärtszukommen.

Im Aufstieg wird der Körperschwerpunkt vollständig nach vorn über das zukünftige Standbein verlagert, bevor er hauptsächlich mit der Oberschenkel- und Gesäßmuskulatur gehoben wird. So ist es möglich, einen Schritt auch wieder rückgängig zu machen, wenn sich der Tritt als labil erweist. Einen dynamischen Abdruck oder Abstoß sollte man aus Sicherheitsgründen vermeiden. Die Belastung ist möglichst gleichmäßig über die ganze Sohle verteilt.

Die Schrittlänge bzw. -höhe richtet sich nach der Geländesteilheit und -beschaffenheit. Trotzdem sollte sie im optimalen Arbeitsbereich der Gelenke und im ökonomischen Kraftbereich der Muskulatur liegen. Im Idealfall wählt man Schritthöhen, die nicht höher als normale Treppenstufen sind. Im Sinne der Kraftersparnis sollten kleine Schritte einer zu großen Schritthöhe vorgezogen werden.

Im Abstieg wird erst der Körperschwerpunkt über das vordere, leicht gebeugte Bein verlagert, bevor das hintere Bein abgehoben wird. Zur Kraftersparnis und zur Schonung der Gelenke sollten gerade bei steilen Abstiegen die Schritte klein gehalten werden.

Gehen und Steigen

Gehen auf Gebirgswegen und -steigen

Gebirgswege und -steige haben folgende Merkmale:
- Sie sind oft steil und kaum befestigt. Der Untergrund ist steinig oder lehmig und vor allem unregelmäßig. Häufig finden sich natürliche oder künstliche Stufen unterschiedlicher Höhe und Beschaffenheit.
- Sie sind oft sehr schmal (zwei Personen können nicht nebeneinander gehen) und führen an steilen Bergflanken entlang. Die Ausgesetztheit verstärkt sich, wenn keine Geländer vorhanden sind.
- Loses Geröll kann in Gefällestrecken zu einem gefährlichen Kugellager werden.

Das Begehen von Gebirgswegen ist somit durch folgende Eigenschaften geprägt:
- Bewußtes Gehen und Steigen; meist muß jede Trittstelle mit den Augen gesucht und ausgewählt werden.
- Exaktes Trittfassen, oft nur mit der Sohlenspitze, und präzise Bewegungsausführung sind notwendig, um Fehltritte und Stürze zu vermeiden.
- Durch Aufsetzen einer möglichst großen Sohlenfläche auf flache Trittstellen wird Kraft im Unterschenkelbereich gespart.
- Schrittlänge und Tritthöhe richten sich nach den anatomischen Gegebenheiten, so daß eine möglichst ökonomische Fortbewegung gegeben ist.

Praxistips:
- Bergwege sind durch Feuchtigkeit und glattpoliertes Gestein oft gefährlich rutschig. Belastung nur auf ebenen Trittflächen.
- Feuchte Baumwurzeln sind besonders glatt. Nicht betreten.

Oben links:
Kleine Schritte im Abstieg

Oben rechts:
Auf Bergwegen gleicht kein Schritt dem anderen, aufmerksames Gehen ist notwendig

Mitte:
Bergwege können, auch wenn sie leicht begehbar sind, sehr ausgesetzt sein

Unten:
Unterwegssein ohne Weg und Steg gehört zu den reizvollen Seiten des Bergwanderns, erfordert aber besondere Konzentration

BEWEGUNGSTECHNIK

Gehen in weglosem Gelände

Es gehört zu den typischen Merkmalen und gewiß auch zu den Reizen des Bergwanderns, daß man die Möglichkeit hat bzw. ab und an sogar gezwungen ist, sich in weglosem Gelände zu bewegen. Dies trifft vor allem in Bereichen oberhalb der Wald- und Krummholzzone zu sowie in außeralpinen Gebirgen, die wenig erschlossen sind. Wegloses Gelände umfaßt alpines Gras- und Mattengelände, Blockwerk, Geröll, Schrofen und Schneefelder bzw. Firn.

Zuweilen führen durch wegloses Gelände Richtungsmarkierungen in Form von Steindauben; meist fehlt jedoch jegliche Markierung. Das Begehen von weglosem Gelände erfordert also eine entsprechend große alpine Erfahrung sowie Kenntnisse in der Orientierung.

Das Gehen im weglosen Gelände erfolgt in einem noch höheren Bewußtheitsgrad als das Gehen auf Bergwegen. Aus Gründen des sicheren Tretens und kraftsparenden Fortbewegens muß häufig jeder Schritt konzentriert und mit Überlegung ausgeführt werden. Im weglosen Steilgelände ist es wichtig, daß der Körperschwerpunkt genau über dem jeweiligen Standbein bleibt, um die optimale Belastungsrichtung beizubehalten.

Flache Felsabsätze und Rasenpolster sind in unwegsamem Gelände die besten Trittmöglichkeiten

Gehen und Steigen in geneigtem Gras-, Matten- und Rasengelände

Die Beschaffenheit von Grasgelände kann sehr unterschiedlich sein:
- beweidete Almgrashänge mit vielen waagerechten Stufen und fast senkrechten Absätzen
- sogenanntes »Lahnergras«, also ungemähte Grashänge mit durch den Winterschnee abwärts gedrückten Halmen, kaum waagerechten Strukturen, durchgehender Neigung ohne Trittmöglichkeiten
- alpine Polsterrasen, mit Geröll oder Schrofen durchsetzt (diese Geländeform kann sehr steil sein)

Beim Begehen dieses Geländes ist dementsprechend zu beachten:
- Rasenpolster, Absätze und sonstige Verflachungen zum kraftsparenden Aufsetzen der gesamten Sohle nützen.
- Auf ungegliederten Grashängen die seitlichen Sohlenränder in der gesamten Länge in das Gras und den Untergrund eindrücken.
- Eingewachsene große Steine als Trittflächen benützen.
- In sehr steilem Grasgelände die Hände durch seitliches Abstützen als Gleichgewichtshilfe einsetzen.
- Auf- und Abstieg erfolgen zweckmäßigerweise in Schrägspur (Kraftersparnis, geländeschonendes Verhalten).

Praxistip:
- Steile Grashänge bei Nässe (Regen, morgendlicher Tau) nach Möglichkeit meiden. Es besteht große Gefahr, auszurutschen und abzustürzen.

Gehen und Steigen

Gehen und Steigen in Schrofengelände

Schrofen sind grasdurchsetzte Felshänge. Der Fels ist häufig brüchig und in tieferen Regionen feucht.

Daraus ergeben sich folgende Verhaltensgrundsätze:
- Die Trittmöglichkeiten sind besonders aufmerksam zu prüfen und auszuwählen (Brüchigkeit, Nässe, loses Gestein auf Fels, unsichere Graspolster).
- Wegen der Geländeunsicherheit ist besonders auf senkrechte Druckbelastung zu achten. Griffe nicht nach außen ziehen!
- Häufig werden die Hände als Gleichgewichtshilfe eingesetzt.

Praxistip:
- Mittelsteiles und steiles Schrofengelände birgt bereits erhebliche Absturzgefahr und ist beim Bergwandern zu meiden.

Gehen und Steigen in Blockwerk und Geröll

Blockwerk und Geröll sind beim Bergwandern häufig anzutreffen. Da es oft sehr schwierig oder gar unmöglich ist, hier Wege anzulegen, muß dieses Gelände meist weglos überwunden werden.

Grobes Blockwerk:
- Gehen über große Blöcke verlangt sehr exakte Trittwahl und ein ausgeprägtes Gleichgewichtsgefühl.
- Oft sind große, dynamische Schritte oder sogar Sprünge erforderlich.

Praxistip:
- Auch große Blöcke können kippen; Verletzungsgefahr.

Kleines Blockwerk und Geröll:
- Im Aufstieg werden die größeren Brocken sowie verfestigte Stellen als Trittunterlage genützt.
- Das Gehen über verfestigten Untergrund hat Vorrang vor idealer Linienführung.
- Im Abstieg bewegt man sich nach Möglichkeit im losen Kleingeröll unter Ausnützen der Fließbewegung des Schotters.
- Unter günstigen Voraussetzungen kann der Abstieg dabei in eine Laufbewegung mit kontrollierten schnellen und kurzen Schritten übergehen (Abfahren).

Oben: Steigen in steilem Schrofengelände

Mitte: Abstieg in Steilschrofen; die Hände stützen nach hinten ab, der Oberkörper bleibt vorgebeugt

Unten: Aufstieg in feinem Geröll

15

BEWEGUNGSTECHNIK

Abstieg in grobem Schotter: Vorsicht vor Sprunggelenkverletzungen

Abfahren in feinerem Schotter

Unten links und Mitte: Verbessern der Trittstufen in hartem Schnee

Unten rechts: Schräganstieg auf einem sommerlichen Schneefeld

Gehen in Schnee und Firn

Je nach Höhenlage sind im Gebirge das ganze Jahr über Altschneefelder (Firn) bzw. nach Kälteeinbrüchen Neuschneeauflagen anzutreffen. Schneefelder erhöhen die Schwierigkeiten und Gefahren beim Bergwandern beträchtlich.

Die Ausrüstung, vor allem das Schuhwerk, muß dementsprechend beschaffen sein. Das Begehen von weichem Schnee, besonders das Spuren, stellt außerdem hohe Anforderungen an die Ausdauer und Trittsicherheit des Bergwanderers.

Die folgenden Bewegungsmerkmale sind zu beachten:

- Das unbelastete Bein wird lotrecht, mit horizontaler oder leicht nach vorn geneigter Sohlenfläche und zunehmendem Druck in den weichen Schnee gesetzt. Erst bei spürbar verfestigtem Untergrund wird der Belastungswechsel vollzogen.
- Beim Auf- und Abstieg in der Fallinie wird die Spur hüftbreit angelegt. Damit ist ein vollständiger Belastungswechsel von Tritt zu Tritt möglich. Zudem wird auf diese Weise ein Ineinanderrutschen der Trittlöcher vermieden.
- Im Abstieg wird der Körperschwerpunkt durch entsprechende Rumpfvorlage über das belastete Bein gebracht. Durch Anheben der Fußspitze wird eine leicht hangeinwärts geneigte, stabilisierende Trittfläche geschaffen.

Praxistips:
- Bei zu dünner Geröllauflage auf Felsplatten oder hartem Untergrund besteht Ausrutschgefahr. Stürze im Geröll können sehr schmerzhaft sein.
- Die dem Gletscher zugewandten Seiten von Moränen (Randmoränen, Ufermoränen) sind meist sehr steil, große Blöcke sind in feinem Sand eingelagert. Hier besteht akute Steinschlag- und Absturzgefahr.

Gehen und Steigen

Querung im tiefen Schnee:
- Bei mäßiger Steilheit und guten alten Spuren wird die normale Gehtechnik angewendet.
- Bei größerer Steilheit wird im Nachstellschritt mit dem Gesicht zum Hang gequert. Der Fuß wird dabei wie beim Frontalanstieg mit horizontaler oder leicht nach innen geneigter Sohle gesetzt.
- Mit den Händen stabilisiert man das Gleichgewicht am Hang. Bei besonders labilen Trittflächen kann mit den Händen eine geringe Entlastung der Trittfläche geschaffen werden.

Praxistip:
- Mit der eben beschriebenen Technik ist nur ein langsames Vorwärtskommen möglich. Der Bergwanderer sollte also steile Schneepassagen meiden oder auf möglichst kurze Strecken beschränken.

Gehen in hartem Schnee (Altschnee aus dem Winter, gefrorene Oberfläche):
- Bei hartem Schnee können nur noch geringe Neigungen ohne alpintechnische Hilfsmittel wie Steigeisen oder Eispickel begangen werden.
- Mit dem seitlichen Sohlenrand werden durch Ankerben des Firns Stufen geschaffen. Das Ankerben geschieht durch Schwingen des Unterschenkels aus dem Kniegelenk vorwärts-einwärts.
- Der flüssige Gehrhythmus muß zugunsten von sicheren Stufen aufgegeben werden, wenn die Stufen nur durch mehrmaliges Schlagen geschaffen werden können.
- Die günstigste Aufstiegslinie bildet der Schräganstieg. Nur kurze Steilstufen werden in der Fallinie erstiegen.

Abstieg:
- In flacher und mittlerer Neigung wird vorwärts (Gesicht zum Tal) abgestiegen. Durch Eindrücken des Absatzes und Anheben der Fußspitze schafft man eine einwärts geneigte Stufenbasis. Mit entsprechender Rumpfvorlage wird der Körperschwerpunkt über das Standbein verlagert.
- Kurze Steilstufen steigt man mit dem Gesicht zum Hang ab, die Hände dienen als Gleichgewichtsstütze. Alte Spuren ausnützen.

Abfahren im Firn:
Solange der Schnee nicht zu hart ist, die Sohlen also tiefer als nur ein paar Zentimeter eindringen, kann an flachen bis mittelsteilen Hängen abgefahren werden.

Dabei werden hohe Ansprüche an das Gleichgewichtsgefühl gestellt:
- Die Beine gehen in hüftbreite Schrittstellung, die Schuhsohlen sind annähernd hangparallel mit Tendenz zur Fersenbelastung.
- Den Rumpf leicht nach vorn beugen, die Arme bewegungsbereit und gleichgewichtsstabilisierend seitlich halten.

Von links nach rechts:
Trittfassen mit der Ferse, Oberkörper leicht vorgebeugt

Abstieg im Schnee

Abfahren im Firn

BEWEGUNGSTECHNIK

Praxistip:
- Das Abfahren kann plötzlich in einen unkontrollierten Absturz übergehen, wenn man bei einem Ausrutscher nicht sofort richtig reagiert.

Verhalten beim Ausgleiten:
Das Ausrutschen an einem Firnhang mit anschließendem unkontrollierten Sturz ist eine sehr häufige Unfallursache beim Bergwandern. Durch gewissenhafte Geländeeinschätzung und die Anwendung der richtigen Technik sollte das Ausrutschen bereits vermieden werden.

Passiert es doch, so hilft nur eine sofortige richtige Reaktion:
- Durch seitliches Abrollen aus der Rückenlage in die Bauchlage übergehen.
- Arme und Beine spreizen, um ein weiteres Rollen zu verhindern.
- In Liegestützstellung Hände und Schuhspitzen in den Schnee drücken und damit den Sturz abbremsen und schließlich zum Stillstand kommen.

Liegestützstellung zum Abbremsen eines Sturzes im Firn

SONDERFORMEN

Begehen leichter Klettersteige

Leichte Klettersteige sind Weganlagen, die durch Baumaßnahmen wie Stege, Galerien, Leitern, Klammern, Drahtseile und Eisenstifte dem Bergwanderer ein alpines Steilgelände erschließen, das sonst nur Kletterern vorbehalten ist. Das Begehen von leichten Klettersteigen ist noch durch die Bewegungsformen des Gehens und Steigens möglich. Die Selbstsicherung an Geländerseilen und Klammern ist dringend zu empfehlen.

Schwierige Klettersteige sind nur noch durch die Bewegungsform des Kletterns zu bewältigen. Sie erfordern klettertechnisches Können sowie einen erheblichen Krafteinsatz im Bereich der oberen Extremitäten. Die vorhandenen Stahlseilsicherungen können nur noch bedingt zur Fortbewegung (Hangeln) verwendet werden, in erster Linie dienen sie der Eigensicherung. Aus diesen Gründen scheiden schwierige Klettersteige aus dem Bereich des Bergwanderns aus.

Praxistips:
- Die Hauptarbeit leisten die Beine, die Arme erhalten vorwiegend das Gleichgewicht.
- Klammern und Leitern an Steilaufschwüngen werden in der Leitertechnik begangen.
- Prinzip der drei Haltepunkte: Von vier Extremitäten haben immer drei gleichzeitig Tritt bzw. Griff.
- Auf Klammern, Stifte und Sprossen wird mit der Sohlenmitte gestiegen, um ein Abrutschen zu vermeiden und Kraft zu sparen.
- Die installierten Versicherungsanlagen können durch Frostsprengung oder Steinschlag gelockert sein. Mißtrauen ist angebracht.
- Besondere Gefahr besteht bei Wetterstürzen. Nicht bei Gewitterneigung in einen Klettersteig einsteigen.

Die Sicherung auf Klettersteigen wird im Kapitel »Sicherungstechnik« behandelt (siehe S. 25).

Sonderformen

Überqueren von Wildbächen

Wildbäche bilden auf Bergwanderungen oft schwierige und gefährliche Hindernisse, besonders in wenig erschlossenen Bergregionen.

Behelfsstege aus Brettern oder Baumstämmen sind oft labil, bei Nässe äußerst glatt und nur mit großer Vorsicht zu begehen:
- Einzeln und unter Beobachtung gehen.
- Nur waagerechte Trittstellen oder solche mit seitlicher Abstützung benützen, lotrecht belasten.
- Langsam und mit ausgeprägter Körperschwerpunktverschiebung gehen.
- Skistöcke oder Bergstock als Gleichgewichtsstütze benützen.

Falls keine Brücke vorhanden ist:
- Vorsichtig über größere Blöcke balancieren.
- Von Ufer zu Ufer oder von Block zu Block springen.
- Das Durchwaten des Wildbaches kann sicherer sein, hat allerdings den Nachteil, daß man naß wird. Bei eiskaltem Wasser aus Sicherheitsgründen Schuhe anlassen!
- Gegenseitig Hilfestellung geben.
- Droht ernsthaft die Gefahr, bei einem Sturz in den Wildbach abgetrieben zu werden, ist eine Seilsicherung angebracht.

Oben links: Klettersteig an der Alpspitze

Oben Mitte: Vorsicht auf Behelfsbrücken

Oben rechts: Hilfestellung bei einer Bachüberquerung

Unten links: Steigen auf Klammern; die Sohlenmitte setzt auf

19

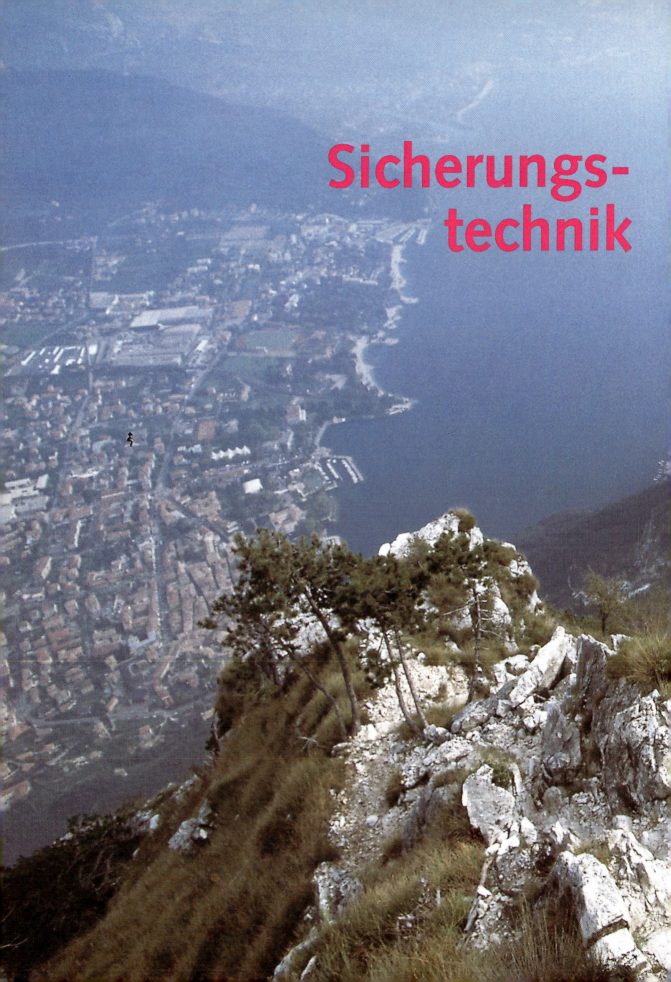

Sicherungs-technik

SICHERUNGSTECHNIK

ANWENDUNG DER ALPINTECHNISCHEN AUSRÜSTUNG

Im Normalfall können Bergwanderungen ohne alpintechnische Ausrüstung wie Steigeisen, Eispickel oder Bergseil durchgeführt werden.

Das Gehen mit Stöcken kann die Durchführung von Bergwanderungen allerdings erleichtern und sicherer gestalten durch
- Gleichgewichtshilfe
- Entlastung von Gelenken und Muskulatur

Bei anspruchsvollen Bergwanderungen ist jedoch eine alpintechnische Ausrüstung zur sicheren Durchführung der Tour zwingend notwendig:
- Leichtsteigeisen und Eispickel auf steilen Altschneefeldern
- Hilfsseil bei Wegunterbrechungen für schwächere Teilnehmer
- Klettersteigausrüstung zum Sichern auf Klettersteigen

Gehen mit Skistöcken

Gehen mit Skistöcken

Das Gehen mit Skistöcken bringt beim Bergwandern zwei wesentliche Vorteile.
Zum einen werden die Wirbelsäule sowie die Hüft-, Knie- und Sprunggelenke entlastet. Ein Teil des Körper- und Rucksackgewichtes wird durch die eingesetzten Stöcke über die Arm- und Schultermuskulatur abgefangen. Die Gefahr von Gelenkschäden durch viele lange Abstiege kann dadurch verringert werden.

Anwendung der alpintechnischen Ausrüstung

Oben links: Gehen mit Steigeisen im Firn

Oben Mitte: Gehen mit Eispickel

Oben rechts: Stufenschlagen mit dem Eispickel

Praxistips:
- Die beste Entlastung der unteren Extremitäten ist durch den Einsatz beider Stöcke gleichzeitig zu erreichen.
- Im Aufstieg bringt das Gehen mit Skistöcken eine Kraftersparnis in den Beinen.
- Die Stocklänge ist so zu wählen, daß möglichst mit gebeugten Ellbogengelenken gegangen werden kann (beste Kraftübertragung).

Zum anderen bieten Skistöcke bei unsicheren Trittunterlagen wie z. B. Lehm, lockerem Blockwerk, Vereisung oder Schnee eine zusätzliche Gleichgewichtsstütze und damit mehr Sicherheit. Beim Queren von Hängen können die Stöcke auch im Seitstütz eingesetzt werden.

Praxistips:
- Gefährdung von anderen Personen durch unkontrollierten Stockeinsatz vermeiden.
- Skistöcke sind in grobem Blockwerk und auf Klettersteigen hinderlich. Auf felsigem Untergrund greifen die Spitzen schlecht. Stöcke dort besser im Schwerpunkt in eine Hand nehmen und die andere zum Abstützen freihalten.

Einsatz von Eispickel und Leichtsteigeisen

Im Hochgebirge können bis in den Spätsommer Altschneefelder die Wanderwege unterbrechen. Ist der Schnee im steilen Gelände sehr hart, ist eine Begehung ohne Steigeisen und Pickel lebensgefährlich, denn auch die Sohlen von guten Bergschuhen greifen nicht mehr. Ein Ausrutscher auf einem steilen Schneefeld kann tödlich enden.

Sicherheit bieten hier der richtige Einsatz von Leichtsteigeisen und/oder Pickel:
- Die Steigeisen werden mit allen Vertikalzacken an Flachstellen des Firnhangs eingesetzt.
- Fehlen solche Flachstellen, wird beim Steigeiseneinsatz das Sprunggelenk abgewinkelt, so daß alle Vertikalzacken in den harten Schnee eindringen können.
- Der Pickelschaft wird bergseitig in den Schnee gerammt und gibt damit zusätzlichen Halt.
- Beim Fehlen von Steigeisen können mit dem Pickel Stufen in den harten Schnee geschlagen werden.

Praxistip:
- Das Gehen im Steilgelände muß gelernt sein. Auch mit Steigeisen an den Füßen besteht Absturzgefahr, wenn man die Steigtechnik nicht absolut sicher beherrscht.

SICHERUNGSTECHNIK

Fixseil in Fallinie
Das Seil wird an einem Fixpunkt (Felsblock, Baum, Eisenstift) verankert. Die Gruppenmitglieder nehmen das Seil als Gleichgewichtshilfe oder Zughilfe in die Hand.

Geländerseil
Das Seil wird an zwei oder mehreren Fixpunkten verankert. Die Gruppenmitglieder gehen einzeln über die kritische Stelle. Zwischen zwei Verankerungen darf sich immer nur eine Person befinden.

Oben: Gehen am Geländerseil

Rechts und unten rechts: Anbringen eines Fixseiles; eine Seilschlinge wird mittels Achterknoten um einen Felskopf gelegt

Unten: Anseilmethode am Klettersteig

SICHERUNGSMETHODEN
Anbringen eines Hilfsseils

Ist aufgrund der Geländesteilheit, einer Wegunterbrechung oder eines steilen Schneefelds ein Gehen ohne Sicherung nicht mehr zu verantworten, benötigt man zum Absichern ein Seil. Diese Seilsicherung kann nicht als vollwertige Kameradensicherung wie beim Klettern verstanden werden, sondern ist eine Gruppensicherung bzw. Hilfestellung mit Fixseil oder Geländerseil.

Die Gruppenmitglieder überwinden entweder mit dem Seil in der Hand oder mit laufendem Karabiner gesichert die kritische Stelle. Wegen des hohen Zeit- und Materialaufwands kommen für Sicherungen dieser Art lediglich kurze Stellen (maximal 30 m) in Frage. Nur mit entsprechendem Wissen kann man eine solche Seilsicherung einrichten.

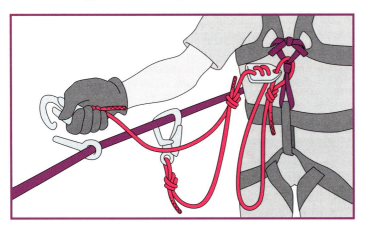

Sicherungsmethoden

Zur Verankerung etwa über einen Felsblock wird jeweils eine Schlinge mit Achterknoten in das Seil geknüpft und anschließend über den Felsblock gelegt.

Eigensicherung auf leichten Klettersteigen

Leichte Klettersteige sind an ausgesetzten Querungen mit Stahlseilgeländer und an Steilstufen mit Leitern oder Klammern ausgestattet. Gewisse Situationen (beispielsweise Ausgesetztheit, Regen oder Schnee, Vereisung, schadhafte Anlagen) lassen eine Eigensicherung notwendig erscheinen.

Ausrüstung

Klettersteigausrüstung
- Anseilgurt (Komplettgurt oder Hüft- und Brustgurt)
- Klettersteigbremse, bestehend aus: Bremsplatte, Seilstück und zwei Klettersteigkarabinern. Empfehlenswert sind Klettersteigbremsen in »Y-Form«, da sie den Vorteil haben, daß beide Karabiner gleichzeitig eingehängt werden können, ohne die dynamische Bremswirkung zu verlieren.

In den Anseilpunkt des Gurtes wird die Klettersteigbremse entsprechend der Anleitung eingebunden. Die beiden freien Enden erhalten in knapper Armreichweite Schlaufen (Sackstich), in die die Klettersteigkarabiner eingehängt werden.

Anwendung der Klettersteigsicherung

- Bei Seilgeländern wird jeweils ein »laufender« Karabiner eingehängt und mit der Hand mitgeführt.
- An den Verankerungspunkten des Seilgeländers wird der Karabinerwechsel so vorgenommen, daß zuerst der zweite, freie Karabiner vor dem Fixpunkt eingehängt wird, bevor der andere ausgehängt wird.
- Bei Leitern und Klammern gilt dieses »Prinzip des stetigen Gesichertseins« ebenfalls: Immer ein Karabiner ist eingehängt.

Oben: Eigensicherung am Klettersteig; ein Karabiner ist immer eingehängt

Eigensicherung am Stahlseil neben der Leiter

Trotz der Sicherung ist genug Bewegungsfreiheit zum Klettern gegeben

Theoretische Grundlagen

THEORETISCHE GRUNDLAGEN

AUSRÜSTUNG UND BEKLEIDUNG

Unterwäsche

- Anforderungen: schweißtransportierend, schnell trocknend
- Material/Bestandteile: Wolle oder Polyester-Mikrogewebe
- Tip: Wechselwäsche mitführen

Strümpfe

- Anforderungen: weich, Spezialpolsterung in den Druckbereichen, knielang
- Material/Bestandteile: Wolle mit Frottee-Innenseite, Mischgewebe
- Tip: Reservestrümpfe zum Wechseln bei Nässe mitnehmen

Hemd

- Anforderungen: schweißsaugend oder schweißtransportierend, wärmeisolierend
- Material/Bestandteile: Wolle, Misch- oder Polyestergewebe
- Tip: Rollkragen mit Reißverschluß

Hose

- Anforderungen: langer Schnitt, gute Bewegungsfreiheit, Beinabschluß am Schuhrand; strapazierfähiger, längselastischer und schnell trocknender Stoff
- Material/Bestandteile: Baumwoll-/Polyamid-/Elastan-Mischgewebe
- Tip: große Oberschenkeltasche für die Landkarte

Pullover, Fleece-Pulli, Faserpelzjacke

- Anforderungen: wärmeisolierend, hoher Kragen, Pulli mit weiter Kragenöffnung
- Material/Bestandteile: Wolle, Misch- oder Synthetikgewebe, z. B. Polyester
- Tip: leichtes Material bevorzugen

28

Ausrüstung und Bekleidung

Funktionelle Bekleidung und Ausrüstung

THEORETISCHE GRUNDLAGEN

Anorak

- Anforderungen: vor Wind und Nässe schützend, also winddicht, wasserdicht, atmungsaktiv; strapazierfähig, mit angeschnittener Kapuze und mehreren Taschen, ausreichende Länge über die Hüfte
- Material/Bestandteile: Kunstfasergewebe mit atmungsaktiver Membran, z. B. Gore Tex, Mikrofaser
- Tip: leichtes Modell mit weit geschnittener Kapuze bevorzugen

Kopfbedeckung

- Anforderungen: als Kälteschutz Strickmütze oder Schirmmütze mit Ohrenschutz, als Sonnenschutz breitkrempiger Hut
- Material/Bestandteile: Wolle, Mischgewebe, Kunstfaser
- Tip: für Brillenträger Schildmütze mit Ohrenschutz

Handschuhe

- Anforderungen: Wärmeisolierung und Schutz vor Verletzungen, Fäustlinge oder Fingerhandschuhe
- Material/Bestandteile: gewalkte Wolle, Faserpelz
- Tip: zum Begehen von Klettersteigen Lederhandschuhe verwenden

Regenumhang

- Anforderungen: wasserdicht, mit Kapuze, über den Rucksack reichend
- Material/Bestandteile: beschichtetes Perlon
- Tip: bei stärkerem Wind oder in schwierigem Gelände ungeeignet, dort besser Regenjacke und -hose sowie Regenhülle für den Rucksack

Überhose

- Anforderungen: wasserdicht, leicht
- Material/Bestandteile: beschichtetes Perlon, Gore Tex
- Tip: seitliche Reißverschlüsse

Regenschirm

- Anforderungen: kleine, stabile Ausführung
- Material/Bestandteile: Perlon
- Tip: bei Wind ungeeignet

Bergschuhe

- Anforderungen: knöchelhohe Form, stabiler Schaft, griffige Sohle, orthopädisches Fußbett, guter Fersensitz
- Material/Bestandteile: wasserabstoßendes Leder, Futter wasserdicht und atmungsaktiv
- Tip: auf kurzen Strecken einlaufen

Gamaschen

- Anforderungen: dichter Abschluß am Schuhrand mit Befestigungsmöglichkeit am Schuh
- Material/Bestandteile: beschichtetes Perlon, Cordura
- Tip: nur bei Schneelage notwendig

Rucksack

- Anforderungen: Größe je nach Bedarf, Rückenbelüftung durch Netzrücken oder Luftkanäle, anatomischer Schnitt, Deckel- und Außentaschen
- Material/Bestandteile: Cordura, Nylon
- Tip: größere Modelle sollten Hüftgurt haben, zusätzliche Regenhülle verwenden

Leichte Trekkingschuhe

Ausrüstung und Bekleidung

Biwaksack

- Anforderungen: Größe für zwei Personen, Aufhängemöglichkeit
- Material/Bestandteile: beschichtetes Perlon, Gore Tex
- Tip: als zusätzlicher Wetterschutz, zur Versorgung bei Unfällen

Erste-Hilfe-Ausrüstung

- Anforderungen: stabiler Behälter, Inhalt siehe Kapitel »Notfälle im Gebirge«
- Tip: immer im Rucksack mitführen

Sonnenbrille

- Anforderungen: 100%iger UV-Schutz, IR-Schutz, bei Schnee seitliche Blenden gegen Streulichteinfall
- Material/Bestandteile: Glas oder Kunststoff, stabiler Rahmen
- Tip: in druckfestem Etui aufbewahren

Sonnencreme, Lippenschutz

- Anforderungen: Lichtschutzfaktor über 10
- Material/Bestandteile: fetthaltige Creme oder fettfreie Flüssigkeit, Salbe
- Tip: Verträglichkeit testen, rechtzeitig auffrischen

Trinkflasche

- Anforderungen: mindestens 0,75 l Inhalt, große Öffnung
- Material/Bestandteile: Aluminium, Plastik
- Tip: bei Kälte bruchsichereThermosflasche

Eispickel

- Anforderungen: Schaftlänge von der Hand bis zum Boden, bruchsicherer Schaft
- Material/Bestandteile: Schaft aus glasfaserverstärktem Kunststoff oder Aluminium, Haue aus Stahl oder Duralumin
- Tip: nur bei Firn und Eis notwendig

Skistöcke

- Anforderungen: längenverstellbare Teleskopform, bruchfest, scharfe Spitzen
- Material/Bestandteile: Duralumin
- Tip: zum gelenkschonenden Abstieg und als Gleichgewichtshilfe verwendbar

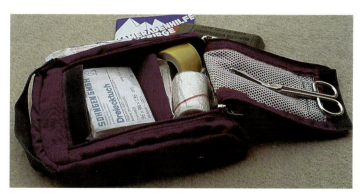

Klettersteigausrüstung

- Anforderungen: Hüft- und Brustgurt, normgerechte Klettersteigbremse mit Zubehör
- Material/Bestandteile: Bandmaterial 43 mm breit, Karabiner mit großer Öffnung und mit Verschluß
- Tip: Halteklammern in den Karabinern zur Seilfixierung

Rucksack mit Hüftgurt

Biwaksack

Erste-Hilfe-Set

31

THEORETISCHE GRUNDLAGEN

Pickel und Steigeisen

Klettersteigbremse in Y-Form

Klettersteigbremse

- Anforderungen: dynamische Bremswirkung bei Sturz ins Seil
- Material/Bestandteile: Duraluminplatte mit angepaßtem Seilstück, ca. 3,5 m lang
- Tip: besonders bei schwierigen Klettersteigen wichtig

Hilfsseil

- Anforderungen: leichtes Einfachseil, ca. 10,5 mm Durchmesser, 20–25 m lang
- Material/Bestandteile: Perlon mit Kernmantelkonstruktion
- Tip: zum Absichern von kritischen Passagen (verschneite, steile Wegstücke; bei Vereisung)

Bergsteigerschutzhelm

- Anforderungen: normgerechtes Energieaufnahmevermögen, gute Belüftung
- Material/Bestandteile: glasfaserverstärkter Kunststoff (GFK) mit CFK-Einlage (carbonfaserverstärkter Kunststoff)
- Tip: notwendig auf Klettersteigen

Taschenlampe, Stirnlampe

- Anforderungen: mehrere Stunden Leuchtdauer, geringes Gewicht
- Material/Bestandteile: Stirnlampen bevorzugen, da freie Hände
- Tip: besonders im Herbst und bei langen Touren; ungewolltes Leuchten vermeiden

Gebietsführer

- Anforderungen: Aktualität und Genauigkeit, mit Übersichtsskizzen
- Material/Bestandteile: regionaler Wanderführer, Auswahlführer, Alpenvereinsführer
- Tip: auf Aktualität (Auflage) achten

Landkarte

- Anforderungen: Übersichtskarten im Maßstab 1:100 000, topografische Karten im Maßstab 1:50 000 und 1:25 000
- Material/Bestandteile: Höhenlinien, Schummerung, Koordinatengitter
- Tip: topografische Karten sind für die genaue Orientierung im Gelände unerläßlich; Übersichtskarten lassen nur eine grobe Einschätzung der Umgebung zu

Bussole

- Anforderungen: Kompaß mit Peileinrichtung
- Material/Bestandteile: Anlegekante, Peileinrichtung, 360-Grad-Einteilung
- Tip: Ablenkung der Nadel durch Metalle und elektromagnetische Teile beachten

Höhenmesser

- Anforderungen: Meßbereich bis 5000 m, Genauigkeit +/− 10 m
- Material/Bestandteil: stabiles Gehäuse
- Tip: als Barometer verwendbar

GPS-Gerät

- Anforderungen: einfache Bedienung
- Material/Bestandteile: verständliche Bedienungsanleitung
- Tip: exakte Navigation nach Satelliten

PLANUNG UND VORBEREITUNG VON BERGWANDERUNGEN

Eine wesentliche Voraussetzung zur sicheren und erlebnisreichen Durchführung einer Bergwanderung ist die sorgfältige Tourenvorbereitung. Dadurch lassen sich viele unangenehme Überraschungen und Gefahrenquellen bereits im Vorfeld ausschließen. Das Wissen über Gebietsbesonderheiten wie Naturdenkmäler, geologische Besonderheiten usw. ermöglicht deren gezieltes Aufsuchen.

- Kartenmaterial mit Übersichtskarten (1:100 000), Wanderkarten (1:50 000) und AV-Karten (1:25 000)
- Informationen von Gebietskennern
- aktuelle telefonische Informationen von Fremdenverkehrsämtern, Hüttenwirten, Alpiner Auskunft

Besonders zu berücksichtigen sind:
- Jahreszeit, davon abhängig Tageslänge, Durchschnittstemperatur, Schneeverhältnisse, Hüttenöffnungszeiten
- Gebietsverhältnisse, z. B. Wegzustand, Schneelage, Vereisung
- Ausweichmöglichkeiten bei Schlechtwetter
- Lage des Stützpunktes (Talherberge, Zeltplatz, Alpenvereinshütte) zu den Touren, Anzahl und Länge der Tourenmöglichkeiten
- Vorbestellung von Schlafplätzen (nach DAV- ud ÖAV-Hüttenordnung auf Hütten der Kategorie I und II nur für Mitglieder möglich)

Bei mehrtägigen Durchquerungen von Hütte zu Hütte wie z. B. auf alpinen Höhenwegen oder Weitwanderwegen ist zu beachten:
- Im Hinblick auf die Gesamtbelastung über mehrere Tage Einzelabschnitte nicht zu lang wählen, Ruhephasen mit einplanen.
- Ein allzu schwerer Rucksack (mehr als 12 kg) kann einen Höhenweg zum »Leidensweg« machen. Daher muß man sich besonders gründlich informieren und die Ausrüstung sorgfältig nach Bewirtschaftungsart der Hütten (Verpflegung, Schlafsack) und Schwierigkeit des Weges (Steigeisen, Pickel, Hilfsseil, Anseilgurt) zusammenstellen. Schwergewichtige Errungenschaften der Zivilisation können über einen

Zuviel Gewicht macht jede Tour zur Qual

Im Frühsommer mit Altschnee rechnen

Wahl des Tourengebiets

Als Informationsquellen dienen:
- Alpinliteratur mit Gebietsmonografien, Tourenvorschläge in Zeitschriften, Alpenvereinsführer

THEORETISCHE GRUNDLAGEN

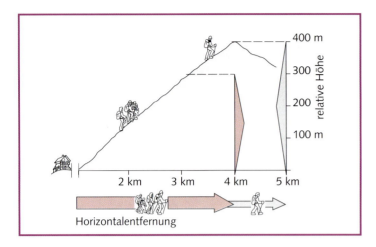

Standardhöhen und -weiten für eine Stunde Gehzeit bei Einzelgängern und Gruppen

gewissen Zeitraum ersatzlos gestrichen und durch Enthaltsamkeit ersetzt werden.
- Bei Wettersturz oder schlechten Verhältnissen ist es besser umzukehren, als unbedingt die Hütte erreichen zu wollen.
- Eine realistische Einschätzung der eigenen Leistungsfähigkeit und Erfahrung sowie der Begleitpersonen ist notwendig.

Vor der endgültigen Festlegung des Tourenziels sollte die sichere Durchführbarkeit des Unternehmens noch einmal kritisch betrachtet werden. Wichtigstes Kriterium dabei sollte sein, daß Erfahrung und Leistungsvermögen der Teilnehmer den zu erwartenden Anforderungen der Bergtour entsprechen.

Vorbereitungen vor Antritt der Tour

Die zu erwartenden Anforderungen bezüglich Schwierigkeit und Länge der Einzelunternehmungen müssen durch eingehendes Führer- und Kartenstudium in Erfahrung gebracht werden.

Wichtige Daten dazu sind:
- Höhenmeter im Aufstieg und Abstieg, Tageshöhenmeter im Aufstieg
- bei Flachstücken waagerechte Entfernungen
- Höhenlage über Meeresspiegel; über ca. 3000 m ist Anpassung notwendig
- Geländebeschaffenheit, Wegbeschaffenheit, besondere Schwierigkeiten wie Schneefelder, Klettersteig

Dann wird die erforderliche Ausrüstung zusammengestellt. Die ungefähren Gehzeiten ergeben sich aus Führerangaben sowie aus eigenen Berechnungen, die sich an Erfahrungswerte anlehnen.

Berechnung von Gehzeiten

Alleingeher bzw. Kleingruppen legen in einer Stunde zurück:

- 400 hm im Aufstieg
- 800 hm im Abstieg
- 5 km Horizontalentfernung

Größere Gruppen legen in einer Stunde zurück:

- 300 hm im Aufstieg
- 500 hm im Abstieg
- 4 km Horizontalentfernung

Die tatsächliche Gehzeit einer Strecke erhält man nach folgender Berechnungsformel:

Von den für Horizontal- und Vertikalentfernung errechneten Zeiten wird die kleinere halbiert und zur größeren addiert.

Beispiel:
1200 m Höhenunterschied	4,00 h
10 km Horizontalstrecke: 2,5 h, halbiert	1,25 h
Gesamtgehzeit	5,25 h

Einen guten Überblick über Höhendifferenzen, Entfernungen und Gehzeiten kann man sich verschaffen, wenn man ein Höhenprofil anfertigt.

Praxistips:
- Besondere Umstände wie schlechte Kondition oder überraschende Geländeschwierigkeit können die geplanten Zeiten erheblich verlängern.
- Bei längeren Touren sind daher Zwischenkontrollen und gegebenenfalls Änderungen der Planung notwendig.

Taktik beim Bergwandern

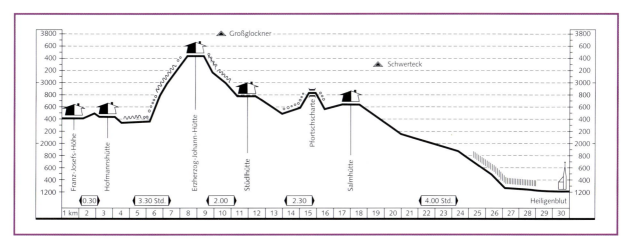

TAKTIK BEIM BERGWANDERN

Unter Taktik versteht man planmäßiges Handeln. Beim Bergwandern sind damit alle Maßnahmen der gedanklichen Vorbereitung auf eine Tour und ihre Durchführung gemeint. Ziel der Taktik ist zum einen eine optimale Tourendurchführung, zum anderen die Gewährleistung der Sicherheit.

Aufbruch

Je nach Länge und Anforderungen einer Tagestour muß der Zeitpunkt des Aufbruchs so früh gelegt werden, daß am Ende (Tal, Hütte) genug Reservezeit vor Einbruch der Dunkelheit für etwaige Zwischenfälle bleibt.

Ein frühzeitiger Aufbruch (z. B. bei Sonnenaufgang oder erstem Tageslicht) ist unter anderem bei folgenden Situationen erforderlich:
- bei sehr langen Wanderungen (mehr als 8 Stunden)
- bei starker Tageserwärmung, um die morgendliche Kühle zum Gehen auszunützen
- wenn am Nachmittag Gewitter zu erwarten sind

Auch ein früher Aufbruch darf kein Grund zu hektischer Eile sein. Bis zum Abmarsch sollte eine Stunde für ein ruhiges Frühstück, Toilette und Schuheanziehen eingeplant werden.

Ein Aufbruch noch in der Dunkelheit ist wenig sinnvoll; das Gehen und Wegfinden mit Lampe ist besonders auf kleinen Steigen sehr zeitraubend. Bei langen Höhenwegen oder bei kurzer Tageslänge im Spätherbst läßt es sich jedoch manchmal nicht umgehen.
Sieht man sich zu einem Aufbruch bei Dunkelheit gezwungen, so empfiehlt es sich, am Vortag den Beginn des Wegs schon genau zu erkunden.

Praxistip:
- Bei starker nächtlicher Abkühlung, z. B. im Spätherbst, ist an Bachübergängen und Wasserfällen mit Vereisung des Wegs zu rechnen.

Das Höhenprofil gibt wertvolle Auskünfte über Höhenunterschiede, Entfernungen und Gehzeiten

Aufbruch bei Sonnenaufgang

THEORETISCHE GRUNDLAGEN

Überprüfen der Wetterlage

- Am Vorabend regionale Wettervorhersage hören, dabei besonders die Hinweise auf Gewittertätigkeit, Temperaturstürze und Tagestemperaturen in der Höhe beachten (siehe Kapitel »Wetterkunde«, S. 52).
- Bei Aufbruch kurze Beobachtung der wichtigsten Wetterfaktoren (Bewölkung, Temperatur, Windrichtung, Luftdruckveränderungen), neuesten Wetterbericht hören (ab 7 Uhr).
- Bei Ankündigung einer Wetterverschlechterung Entscheidung neu überdenken (Festhalten am Tourenziel, Ausweichtour oder Verzicht).

Aufwärmen

Kurze Unterbrechung zum Ausziehen und Trinken

Bergwandern fordert vor allem die Langzeitausdauer. Um einer vorzeitigen Ermüdung oder gar Erschöpfung vorzubeugen, ist vor längeren Touren wie auch bei allen anderen Sportarten ein Aufwärmen des Kreislaufs und der Muskulatur notwendig.

Ziel des Aufwärmens ist:
- langsame Steigerung der Puls- und Atemfrequenz
- verbesserte Durchblutung der entsprechenden Muskulatur vor der eigentlichen Belastung

Beim Bergwandern bedeutet Aufwärmen in der Regel, sich warmzugehen.
- Mit verminderter Geschwindigkeit losgehen. Atem- und Pulsfrequenz dürfen nur allmählich steigen.
- Zu Beginn der Wanderung lieber eine Flachstrecke als einen Steilaufschwung wählen, kleine Stufen statt hohe nehmen.

Belastungspulsfrequenz und Belastungsatemfrequenz sollten frühestens nach 12–15 Minuten erreicht werden. Je kälter die Außentemperatur und je anspruchsvoller die geplante Tour ist, desto länger und intensiver (bis zu 30 Minuten) muß die Aufwärmphase sein.

Gehtempo

Gegen Ende der Aufwärmphase wird das Tempo allmählich auf ein optimales Dauertempo eingestellt. Es soll die individuelle Ausdauerleistungsgrenze nie überschreiten.

Im Hinblick auf Länge und Schwierigkeit der Bergwanderung soll eine möglichst kraftsparende und rationelle Gehtechnik angewendet werden:
- Die Kreislaufbelastung (meßbar am Puls) soll gleichmäßig sein, nicht das Gehtempo. Also kann auf ebenen Wegstrecken durchaus ein flotter Schritt angeschlagen werden, während an Steilaufschwüngen das Tempo deutlich zurückgenommen wird.
- Nach unvermeidbaren kurzen Spitzenbelastungen (z. B. an kurzen Steilanstiegen) kann sich der Kreislauf in nachfolgenden Flachstücken bei reduziertem Tempo rasch erholen.

Taktik beim Bergwandern

Wärmeregulierung

Auf körperliche Arbeit reagiert der Organismus mit Wärmeproduktion und Schweißabgabe. Die auf der Haut verdunstende Schweißflüssigkeit verschafft dem Körper die notwendige Kühlung.

Um diese Wärmeregulierung nicht zu beeinträchtigen, ist angepaßte Bekleidung erforderlich.

- Nach der Aufwärmphase und bei spürbarer Hitzeentwicklung wärmeisolierende Bekleidungsstücke ablegen, um Hitzestau zu vermeiden und die Körperkühlung durch Schweißverdunstung zu fördern.
- Bei kalter Außentemperatur Wäsche aus Mikrogewebe (Wolle, Kunstfaser) benützen; damit wird der Schweiß von der Haut an die Gewebeoberfläche geleitet und verdunstet dort.
- Nach schweißtreibenden Anstiegen durchgeschwitzte Körperwäsche durch trockene ersetzen, um eine zu starke Auskühlung zu verhindern.
- Bei Abnahme der Außentemperatur (Höhe, Wind, Schatten) und bei Unterbrechung der körperlichen Arbeit muß die Auskühlung rechtzeitig durch entsprechende Kleidung verhindert werden.

Pausen

Unregelmäßige Unterbrechungen der Belastung wirken sich negativ auf die Leistungsfähigkeit im Ausdauerbereich aus. Andererseits sind jedoch ausreichende Pausen zur Erholung, zum Essen und zum Trinken unbedingt erforderlich. Nicht zuletzt sollten beim Bergwandern auch längere Pausen zum Naturgenuß eingeplant werden.

Praxistips:
- Unvermeidbare Unterbrechungen während einer Belastungsphase möglichst kurz halten (unter 2 Minuten).
- Jeweils mehrere notwendige Tätigkeiten zusammenfassen, um die Anzahl der Unterbrechungen zu verringern (z. B. eincremen, fotografieren und trinken).
- Die erste größere Rast erfolgt etwa 2 Stunden nach der Aufwärmphase; dabei mindestens 20–30 Minuten für die körperliche Erholung, Essen und Trinken einplanen.
- Weitere Pausen in Abständen von ungefähr 2 Stunden ansetzen.
- Nach längeren Pausen die erneute »Anlaufzeit« berücksichtigen.
- Bei höherer Belastungsintensität ist die Zufuhr von Flüssigkeit und Nahrung in kürzeren Abständen sinnvoll. Die Trinkflasche und kohlenhydratreiche Kleinigkeiten sollten also griffbereit im Rucksack sein.

Flüssigkeitszufuhr und Ernährung

Bergwandern ist eine Tätigkeit mit hohem Verbrauch an Flüssigkeit und Energiestoffen. Um die Leistungsfähigkeit den ganzen Tag über aufrechtzuerhalten, müssen beide in ausreichender Menge nachgeliefert werden.

Flüssigkeitsbedarf

Bei 6–8stündiger Belastung werden mindestens 2–4 l pro Tag (vor, mehrmals während und nach der Tour) benötigt. Bei mehrtägigen Unternehmungen sollten zusätzlich Mineralstoffe in Form von Elektrolytgetränken aufgenommen werden.

Flüssigkeits- und Energiezufuhr sind für den Weiterweg wichtig

THEORETISCHE GRUNDLAGEN

Ernährung

- Am Vortag einer Bergwanderung kohlenhydratreiche Mischkost (mit Eiweiß und Fett) essen. Damit werden über Nacht die Glykogenspeicher aufgefüllt und stehen am nächsten Tag als Energielieferanten zur Verfügung.
- Zum Frühstück leichtverdauliche Kohlenhydratkost (Müsli, Brot, zuckerhaltige Beilagen) zu sich nehmen.
- Unterwegs empfiehlt sich Kohlenhydratkost mit verschiedenen Arten von Zucker; Einfachzucker z. B. in Schokolade, Fruchtzucker in Rosinen und Dörrobst, Mehrfachzucker (Stärke) in Getreideprodukten (Müsliriegel, Vollkornbrot).

Verhalten bei schlechter Sicht

Bedingt durch die Höhenlage, bewegt man sich im Gebirge häufiger als im Flachland in der Wolkenzone oder in Nebelfeldern. Die dadurch stark eingeschränkte Sicht bildet eine besondere Gefahr und erfordert vorsichtiges Verhalten.

Praxistips:
- Immer auf dem Weg bleiben, Markierungen genau verfolgen. Hat man den Weg oder die Markierung verloren, wieder zurückgehen zum letzten bekannten Punkt. Keinesfalls versuchen, sich irgendwie »durchs Gelände zu schlagen«.
- Mit Karte und Höhenmesser ständig den eigenen Standort verfolgen, bei unklarem Weiterweg mit Hilfe von Karte und Kompaß die weitere Gehrichtung bestimmen.
- In der Gruppe zusammenbleiben, keine Einzelaktionen versuchen.
- Hat man sich im dichten Nebel aussichtslos verlaufen, so bleibt nichts anderes übrig, als auf bessere Sicht zu warten. Sollte sich bis zum Einbruch der Nacht die Situation nicht bessern, so ist ein Biwak durchaus einem lebensgefährlichen Abstieg durch unbekanntes Gelände vorzuziehen.
- Entwickelt sich die Situation zu einer Notlage, so ist das alpine Notsignal (siehe S. 49) zu senden.

Verhalten bei Gewitter

Im Gebirge, vor allem an den nördlichen und südlichen Alpenrändern, ist die Gewitteraktivität höher als im Flachland. Die Ursache dafür liegt in der Thermik, die sich an Berghängen stärker entwickelt als über ebenem Grund. Die Neigung zu Gewittern wird in den alpinen Wetterdiensten meist angekündigt. Dabei sind zwei Formen von Gewittern zu unterscheiden.

Wärme- oder thermische Gewitter

Sie entstehen bei sommerlicher Hochdrucklage. Die starke Sonneneinstrahlung erwärmt die bodennahen Luftschichten, die zusammen mit Wasserdampf an den Berghängen aufsteigen. Warmluft und Wasserdampf dringen in kältere Luftmassen vor (Thermik). Bei Überentwicklung der Thermik entstehen Wolkentürme, die bis zu 10 km hoch sein können (Cumulonimbuswolken); die Spannung entlädt sich in Form von Blitzen zwischen den Wolken und zwischen Wolken und Erde. Thermische Gewitter können auf engen Raum begrenzt sein. Nach der Entladung klart es wieder auf. Zur Vorbeugung wird die Wolkenentwicklung beobachtet und rechtzeitig in ein sicheres Haus zurückgekehrt; gegebenenfalls muß das Gewitter in einem schützenden Unterstand abgewartet werden.

Bei schlechter Sicht muß die Gruppe unbedingt zusammenbleiben

Taktik beim Bergwandern

Frontgewitter

Sie entstehen bei Einbruch einer Kaltfront und können innerhalb kurzer Zeit den gesamten Nordalpenbereich erfassen. Meist bringen sie starke Abkühlung mit mehrtägiger Dauer, in den Bergen fällt auch im Sommer bis in Tallagen Schnee. Frontgewitter werden in der Wettervorhersage als solche angekündigt. Zur Vorbeugung muß die Tour rechtzeitig abgebrochen und ins Tal abgestiegen werden.

Gefahren bei Gewitter

Die Gefahren eines Gewitters im Gebirge liegen in starken Regengüssen, Hagelschlag, Abkühlung sowie in direktem und indirektem Blitzschlag. Panische Angst vor Blitzschlag und entsprechende Fluchtreaktionen sind oft gefährlicher als dieser selbst.

Um der Gefahr des Blitzschlags gezielt begegnen zu können, sind folgende Punkte zu beachten:
- Auch wenn einen die Angst zur Eile treibt, muß man besonnen handeln und die richtigen Entscheidungen treffen. In technisch schwierigem Gelände ist Hast die größte Gefahr.
- Gipfel, ausgesetzte Grate oder exponierte Flächen rechtzeitig verlassen.
- Aufenthalt an einem Platz suchen, der vor direktem Einschlag und Erdströmen sicher ist. Durch direkten Einschlag besonders gefährdet sind Gipfel, Grate, exponierte Punkte wie Einzelbäume oder

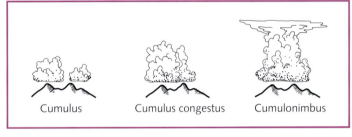

Gletschertische. Durch Erdströme bzw. Spannungsableitung besonders gefährdet sind wasserführende Rinnen, nasse Erdoberflächen und eisengesicherte Steiganlagen.

Praxistips:
- Bei der Wahl des Aufenthaltsortes muß berücksichtigt werden, daß er mindestens eine Körperlänge von einer Felswand entfernt und 7–8 Körperlängen unter einer markanten Erhebung liegt.
- Höhlen und Grotten sind nur dann sicher, wenn sie genügend Rückenfreiheit, Kopffreiheit und genügend Abstand von der Außenkante bieten.
- Kauernde oder sitzende Haltung auf isolierender Unterlage einnehmen.
- Eigensicherung nur unterhalb des Herzens anlegen.
- Metallgegenstände wie Eispickel oder Steigeisen tragen kaum etwas zur Erhöhung der Gefahr des direkten Blitzeinschlags bei und müssen nicht unbedingt weit entfernt werden. Der aufrechte Körper des Menschen bildet einen besseren elektrischen Leiter.

Oben links:
Starke Quellwolken im Wettersteingebirge

Oben rechts:
Herannahende Gewitterfront

Unten:
Cumulus-Entwicklung über den Gipfeln

THEORETISCHE GRUNDLAGEN

BERGWANDERN IN GRUPPEN

Bergwanderungen als Gemeinschaftstouren in kleinen Gruppen sind sehr beliebt.
- Sie bieten Anfängern und schwächeren Personen die Gelegenheit zum Bergwandern unter der Betreuung von Erfahrenen.
- Sie ermöglichen bei entsprechender Organisation eine umweltfreundliche Anreise durch Fahrgemeinschaften.
- Zusätzlich zum gemeinsamen Naturerlebnis vermitteln sie ein positives Gruppengefühl durch gemeinsame Erfolgserlebnisse, aber auch durch gemeinsam durchlebte Strapazen.
- Durch die gemeinsamen Erlebnisse in ursprünglicher Umgebung führen sie zu einem intensiven Bekanntwerden mit den anderen Teilnehmern.

Wandergruppe in den Ötztaler Alpen

Bergwanderungen in Gruppen verlangen von allen Teilnehmern die Bereitschaft zu Toleranz, Rücksichtnahme und Hilfsbereitschaft. Das Wohl der Gruppe muß über der individuellen sportlichen Leistung stehen. Teilnehmer mit besserem Trainingszustand und überdurchschnittlicher Erfahrung stellen ihr Können und Wissen der Gruppe zur Verfügung.
Zusätzlich zu den bereits beschriebenen Grundsätzen der Taktik beim Bergwandern sollten bei Gruppenwanderungen einige weitere Regeln beachtet werden.

Abstimmung der Tour auf die Kondition der Teilnehmer

Gemeinschaftstouren in einer Gruppe Gleichgesinnter sind keine Führungstouren im engeren Sinn, wie z. B. unter der Leitung eines Bergführers. Jeder geht also auf eigene Verantwortung mit.

Dies ist dann zu verantworten, wenn
- Schwierigkeit und Länge der Tour der Leistungsfähigkeit, dem Können und der Erfahrung jedes einzelnen Teilnehmers entsprechen sowie allen bekannt sind,
- die Gruppe im Sinne der Zielsetzung homogen ist,
- die Teilnehmer sich von früheren Touren her kennen.

Gruppenstärke

Wandergruppen dürfen nicht zu groß sein. Bei 15 und mehr Teilnehmern geht die Übersicht über die Gruppe verloren. Das Warten an Sammelpunkten kostet viel Zeit, in Steilpassagen gefährden sich die Wanderer gegenseitig.

Folgende Zahlen sollten nicht überschritten werden:
- bei leichten Wanderungen auf gut markierten Wegen 15 Personen
- bei schwierigeren Wanderungen auf steilen und schmalen Pfaden 8 Personen
- auf Klettersteigen 6 Personen

Organisatorische Grundregeln

- Das Tourenziel muß im Hinblick auf Schwierigkeit, Gefährdung sowie Frequentierung der Hütten und Wege mit besonderer Sorgfalt ausgewählt werden.
- Jeder Teilnehmer muß den Routenverlauf und die Schwierigkeiten genau kennen. Unerfahrene Teilnehmer gehen immer in direkter Begleitung.

Bergwandern in Gruppen

- Für den Fall, daß sich die Gruppe auseinanderzieht, werden Sammelpunkte sowie Treffpunkt und Zeit für die Rückfahrt festgelegt.
- Führender und Schlußmann, zwischen denen sich die Gruppe bewegt, werden eingeteilt.
- Weitere Verhaltensmaßnahmen für unvorhergesehene Zwischenfälle werden abgesprochen.
- An Sammelpunkten wird jeweils die Vollzähligkeit der Gruppe festgestellt.

Marschordnung

Die Marschordnung der Gruppe wird von den Geländegegebenheiten bestimmt:
- Leichte, übersichtliche Wege mit eindeutiger Wegführung erlauben eine lose Gruppenordnung mit größeren Abständen zwischen den Teilnehmern.
- Unübersichtliches Gelände mit schlechter Wegmarkierung verlangt zumindest Sichtverbindung.
- Schlechte Sicht (Nebel, Schneefall, Neuschnee auf den Markierungen) erfordet aufgeschlossenes Gehen mit Übersicht über die ganze Gruppe.
- Auf Klettersteigen befindet sich zwischen zwei Verankerungen eines Sicherungsseils jeweils nur eine Person.
- Wo im Auf- und Abstieg durch die Gruppenmitglieder Steinschlag ausgelöst werden kann, z. B. in engen Steilrinnen, ist dicht aufgeschlossenes Gehen erforderlich.
- Zonen, in denen Steinschlag von weiter oben zu befürchten ist, werden einzeln begangen.

Schwächere Teilnehmer benötigen besondere Betreuung durch geübte Gruppenmitglieder:
- direkte Begleitung durch erfahrenen Teilnehmer, um den Weg nicht zu verlieren
- Hilfestellung an schwirigen Passagen
- Vorgaben für taktisch richtiges Verhalten, z. B. rechtzeitige Pausen
- Zuspruch und psychologische Betreuung bei beginnender Erschöpfung

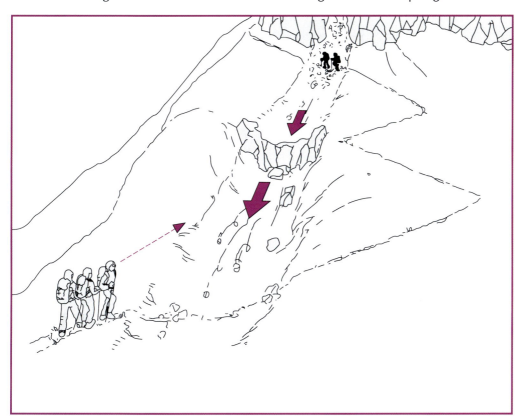

Eine Steilrinne mit Steinschlaggefahr wird erst gequert, wenn die obere Gruppe die Rinne verlassen hat

THEORETISCHE GRUNDLAGEN

FÜHRUNGSTAKTIK

Der Führer einer Wandergruppe im Gebirge übernimmt eine große Verantwortung für die Sicherheit und das Wohl der Personen, die sich ihm anvertrauen. Darüber hinaus beeinflußt er entscheidend Verlauf, Erfolg und Erlebniswert einer Bergfahrt. Er muß daher über souveränes Können, umfangreiche Erfahrung sowie notwendiges Wissen im Bereich des Bergwanderns verfügen, um diesen Aufgaben gerecht zu werden.

Führen von Gruppen

Wer Bergwanderungen führen möchte, braucht eine entsprechende Ausbildung. Die alpinen Vereine bieten für geeignete und interessierte Mitglieder entsprechende Lehrgänge mit Abschlußprüfung an, die zum Führen im Rahmen der ehrenamtlichen Vereinstätigkeit befähigen. Führen gegen Entgelt ist ohne die Ausbildung und Prüfung zum staatlich geprüften Berg- und Skiführer in den Alpenländern nicht gestattet.

Auch ohne entsprechende Prüfung ist der Erfahrenste einer Gruppe der Verantwortliche. Er muß daher außer den bereits beschriebenen Tips zur alpinen Taktik und zum Wandern in Gruppen einige wichtige Regeln beachten, um seiner Sorgfaltspflicht Genüge zu leisten.

Der Tourenführer trifft aufgrund seiner Sachautorität und seiner überragenden Stellung in der Gruppe verbindlich alle Entscheidungen, hat aber damit auch die gesamte Verantwortung für die Sicherheit der Gruppenmitglieder zu tragen. Andererseits hat er den Wünschen der Teilnehmer, was Sicherheitsbedürfnis und Erlebniswert der Tour angeht, möglichst nachzukommen. Dies ist nur durch weitsichtige Planung, geschickte Organisation und führungstaktisch richtiges Verhalten zu erreichen. Die Tourenführung selbst verlangt den entschlossenen »Führer«, der seine Gruppe zum Ziel bringt und dazu alle seine Kenntnisse und Erfahrungen unmittelbar einsetzt.

Auswahl des Wanderziels und Wegführung

Ziel und Wegführung einer Tour werden einerseits von den Voraussetzungen, die die Teilnehmer mitbringen, andererseits von den Wetter- und Geländeverhältnissen bestimmt.

Bezüglich der Teilnehmer sind zu berücksichtigen:
- bergsteigerische Ziele, Motivation
- körperliche Leistungsfähigkeit, Kondition
- alpintechnisches Können
- Akklimatisationszustand

Bezüglich Wetter und Gelände gelten die Tips zur Planung und Vorbereitung von Bergwanderungen.

Tourenführung

In einer Vorbesprechung wird der geplante Tourenverlauf mit seinen Besonderheiten erarbeitet. Bei Zwischenfällen müssen die Teilnehmer Kenntnisse zum selbständigen Handeln zur Verfügung haben.

Die notwendige Ausrüstung wird festgelegt und vor Abmarsch in Stichproben noch einmal abgefragt.

Der Tourenführer hat die Orientierungshilfsmittel und die Erste-Hilfe-Ausrüstung bei sich. Sonstige Gruppenausrüstung (Biwaksäcke usw.) wird aufgeteilt.

Der Führer bestimmt das Gehtempo. Er dosiert es so, daß für alle eine Aufwärmphase gegeben ist und daß es dem Leistungsvermögen der schwächeren Teilnehmer entspricht.

Führungstaktik

Praxistips:
- Schwächere und ängstliche Teilnehmer folgen in anspruchsvollen Wegabschnitten unmittelbar dem Tourenführer.
- Ein Schlußmann wird bestimmt. Er muß sowohl Orientierungshilfsmittel als auch Erste-Hilfe-Ausrüstung bei sich haben und die geplante Wegstrecke selbst finden können.

Kontakt zur Gruppe

Der Gruppenleiter behält durch Umschauen und Fragen Kontakt zur Gruppe.

Er vergewissert sich insbesondere,
- ob das Tempo für alle Teilnehmer richtig ist,
- ob es Anzeichen von Erschöpfung gibt,
- ob Anzeichen von technischer Überforderung auftreten.

Pausengestaltung

Der Führer achtet auf rechtzeitiges Trinken und sinnvolles Essen (siehe Kapitel »Taktik beim Bergwandern«, S. 35). Er wählt für die Rastplätze geeignete Stellen. Je nach Wetter können Windschutz, Schatten oder Sonne von Bedeutung sein.

Führen in weglosem Gelände

Für das sichere und ökonomische Überwinden von weglosem Gelände ist viel Erfahrung und Umsicht notwendig. Bereits aus einer Entfernung, die noch eine gute Übersicht ermöglicht, wird im Kopf ein »Wegplan« zurechtgelegt.

Folgende Kriterien liegen ihm zugrunde:
- Im Aufstieg steile und gleichförmige Gras- und Schotterhänge weiträumig umgehen.
- Gut gestufte und abwechslungsreiche Hangstrukturen bevorzugen.

Im Firn ist besonders zu beachten:
- Feste und sichere Trittspur anlegen.
- Rechtzeitig alpintechnische Ausrüstung (Pickel, Steigeisen) einsetzen.
- Teilnehmer auf richtiges Verhalten bei Sturz hinweisen.

Sicherungsmaßnahmen

Sicherungsmaßnahmen sind dann anzuwenden, wenn aus objektiver Sicht Absturzgefahr besteht und der Stürzende sich dabei ernsthafte Verletzungen zuziehen würde. Absturzgefährdete Stellen können bereits auf anspruchsvollen Bergwegen auftreten, wenn sie durch Schneefelder oder Erdrutsche unterbrochen sind.

Die Pflicht, Sicherungsmaßnahmen anzuwenden, wird eingeschränkt durch das erwiesene Können der Teilnehmer, wobei die Schwächsten der Gruppe den Maßstab bilden.

Anbringen eines Geländerseils

THEORETISCHE GRUNDLAGEN

Anlegen eines Geländer- oder Fixseils

Das Seil wird an Beginn und Ende der gefährlichen Passage an einem soliden Fixpunkt verankert (Sicherungsstift, Felsblock, Baum). Bei längeren Entfernungen sind Zwischenverankerungen notwendig. An Steilstufen können zusätzlich Handschlaufen geknüpft werden. Die Wanderer benützen das Seil als Handgeländer oder als Zughilfe (siehe Kapitel »Sicherungsmethoden«, S. 24).

Maßnahmen zur Einzelsicherung gehören bereits in den Bereich der Klettertechnik und sind im Alpin-Lehrplan Band 2, »Felsklettern – Sportklettern« beschrieben.

Bergung mit dem Hubschrauber

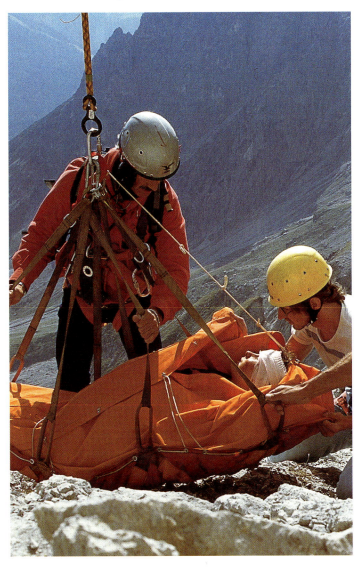

NOTFÄLLE IM GEBIRGE

Auch bei sicherheitsbewußtem Verhalten und alpiner Erfahrung sind Unfälle, Notsituationen oder auch nur kleinere Verletzungen nicht gänzlich auszuschließen. Da eine schnelle und fachmännische Erstversorgung durch einen Sanitäter oder Arzt im Gebirge in den wenigsten Fällen gegeben ist, kommt der Selbst- und Kameradenhilfe besondere Bedeutung zu. Im folgenden kann lediglich das Wesentliche aus diesem Bereich dargestellt werden.

Maßnahmen am Unfallort

Bei harmloseren Verletzungen wie Verstauchungen, Prellungen oder Hautabschürfungen, solange der Verletzte also aus eigener Kraft das Tal oder die nächste Hütte erreichen kann, ist die Situation noch relativ unproblematisch. Gerade beim Bergwandern kommt es aber auch immer wieder zu schwerwiegenden Unfällen, wie Pressemeldungen und Statistiken zeigen. Ausrutschen auf Schneefeldern, Absturz an exponierten Wegstellen oder in unwegsamem Gelände, Steinschlag oder Kreislaufzusammenbruch sind häufige Unfallursachen. Die Folgen können starke Blutungen, Schockzustände, Knochenbrüche, Gelenkverletzungen, innere Verletzungen oder Schädel-Hirn-Traumen sein.

Als Ersthelfer muß man sich trotz aller Hektik, Nervosität und Angst, die am Unfallort bei den Beteiligten herrschen, dazu zwingen, einige Grundregeln zu beachten:
- Ruhe bewahren; zuerst überlegen, dann handeln.
- Unfallsituation erfassen (was ist passiert, sind weitere Personen gefährdet, wie ist der Verunglückte im Gelände erreichbar?).
- Sofortbergung aus dem Gefahrenbereich veranlassen, wenn sich der Verletzte in unmittelbarer Bedrohung (z. B. durch Steinschlag, Absturz) befindet.
- Lebensbedrohliche Zustände wie Schock, Atemstillstand, Kreislaufstillstand beheben.
- Erstversorgung von Verletzungen vornehmen.

Notfälle im Gebirge

- Überlegungen zum Abtransport des Verletzten und zur Alarmierung der Bergrettung anstellen.

Praxistips:
- Ist man allein in der Notsituation, alpines Notsignal geben.
- Ist man zu zweit in der Notsituation: Ein Verletzter sollte nie allein gelassen werden, deshalb alpines Notsignal geben.
- Ist in einer Gruppe jemand auf fremde Hilfe angewiesen: Unfallort und Name des Verletzten werden schriftlich festgehalten, zwei erfahrene Bergsteiger gehen zur nächsten Unfallmeldestelle.

Die Erste-Hilfe-Ausrüstung

Der Inhalt ist für Ansprüche der Ersten-Hilfe-Leistung zusammengestellt. Maßnahmen im Sinne einer ärztlichen Behandlung können und sollen von Laien damit nicht durchgeführt werden. Apotheke für Bergsteiger und Trekker siehe S. 82/83.

Die Grundausstattung einer kleinen Rucksackapotheke (Erste-Hilfe-Päckchen) besteht aus:
- Wundschnellverband (Heftpflaster)
- sterile Zellstoff-Mullkompressen, 10 x 10 cm
- Leukoplast (Tape), mindestens 2,5 cm breit
- Dreiecktuch
- elastische Binde
- Verbandspäckchen (groß, klein) mit steriler Wundauflage
- Rettungsdecke (alubeschichtete Kunststoffolie) zum Schutz vor Unterkühlung
- Wunddesinfektionsmittel (z. B. Kodan-Tinktur)
- Schmerzmittel (z. B. Aspirin, Tramal-Tropfen)
- Einmalhandschuhe
- Trillerpfeife zur Alarmierung

Bei mehrtägigen Wanderungen empfiehlt es sich, den Inhalt folgendermaßen zu ergänzen:
- Spezialpflaster für Wasserblasen an den Füßen
- Wundgaze
- Mittel gegen Durchfall
- Mullbinden
- sterile Wundauflagen (für großflächige Abschürfungen)
- persönliche Medikamente nach Absprache mit dem Hausarzt

Erste Hilfe bei Verletzungen

Nachfolgend sind nur einige typische Verletzungen beschrieben, wie sie unter Umständen auf Bergwanderungen auftreten können. Diese Aufstellung kann aber in keinem Fall einen qualifizierten Erste-Hilfe-Kurs ersetzen, der jedem verantwortungsbewußten Wanderer dringend empfohlen wird.

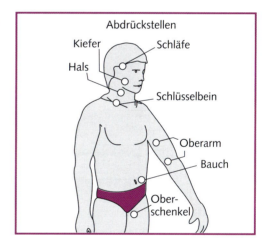

Abdrückstellen am Körper

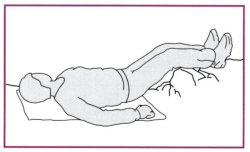

Schocklage

Starke äußere oder innere Blutungen, Verblutungsschock

- Erkennungsmerkmale: apathisches Verhalten, blasse Gesichtsfarbe; feuchte, kühle

THEORETISCHE GRUNDLAGEN

Haut; schneller, kaum oder nicht mehr fühlbarer Puls
- Sofortmaßnahmen: blutende Körperteile hochhalten, abdrücken, Druckverband auf die Wunde, nur im Notfall mit Dreiecktuch oder Gurtband abbinden (Seil oder Reepschnur schnürt zu sehr ein)
- Lagerung: Oberkörper und Kopf horizontal, Beine angehoben (Schocklage)
- Abtransport: Hubschrauber

Bewußtlosigkeit

- Erkennungsmerkmale: nicht ansprechbar, schlaffe Glieder, evtl. Stöhnen, keine Reaktion auf Schmerzreize
- Sofortmaßnahmen: Freihalten der Atemwege, Kälteschutz
- Lagerung: stabile Seitenlage
- Abtransport: Hubschrauber

Hitzschlag

- Erkennungsmerkmale: gerötete, trockene und heiße Haut; schneller Puls, Schwindel, unter Umständen Bewußtlosigkeit
- Sofortmaßnahmen: Kleidung öffnen; durch feuchte Tücher, Schnee oder Zufächeln von Luft abkühlen; Schattenspende
- Lagerung: Rückenlage mit erhöhtem Oberkörper, bei Bewußtlosigkeit stabile Seitenlage
- Abtransport: mit aufrechtem Oberkörper, bei Bewußtlosigkeit mit Hubschrauber

Sonnenstich

- Erkennungsmerkmale: Kopfschmerzen, Schwindel, Übelkeit, Erbrechen, Nackensteife
- Sofortmaßnahmen: Kleidung öffnen; durch feuchte Tücher, Schnee oder Zufächeln von Luft abkühlen; Schattenspende
- Lagerung: Rückenlage mit erhöhtem Oberkörper
- Abtransport: mit aufrechtem Oberkörper

Armbruch

- Erkennungsmerkmale: Druckschmerzen, Schwellungen im Bruchbereich (Bluterguß), unnatürliche Stellung der Gliedmaßen, atypische Beweglichkeit, drohende Durchspießung
- Sofortmaßnahmen: nach Angabe des Verletzten schmerzfrei lagern, gepolsterte Schienung über benachbarte Gelenke anlegen, Druckstellen durch Polstermaterial vermeiden, Fixierung des Arms am Rumpf

Von oben nach unten:
Stabile Seitenlage

Erhöhte Lagerung im Schatten

Armschienung und Fixierung mit Dreiecktuch

Schienung bzw. Fixierung eines Beines mit behelfsmäßigen Mitteln

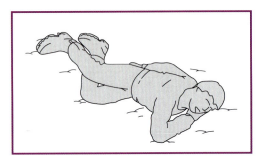

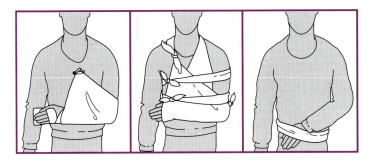

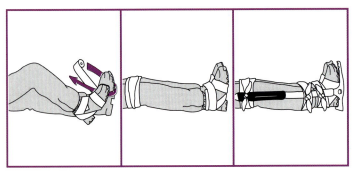

Notfälle im Gebirge

- Lagerung: nach Angabe des Verletzten, laufende Überprüfung von Durchblutung und Beweglichkeit der Finger, bei Störungen Verband lockern oder Lage verändern
- Abtransport: möglichst schmerzfrei

Beinbruch

- Erkennungsmerkmale: Druckschmerzen, Schwellungen im Bruchbereich (Bluterguß), unnatürliche Stellung der Gliedmaßen, atypische Beweglichkeit, drohende Durchspießung
- Sofortmaßnahmen: nach Angabe des Verletzten schmerzfrei lagern, gepolsterte Schienung mit behelfsmäßigen Mitteln, Druckstellen durch Polstermaterial vermeiden, evtl. Fixierung am unverletzten Bein
- Lagerung: nach Angabe des Verletzten, laufende Überprüfung von Durchblutung und Beweglichkeit der Zehen, bei Störungen Verband lockern oder Lage verändern
- Abtransport: möglichst schmerzfrei

Gelenkverrenkungen

- Erkennungsmerkmale: unnatürliche Verformung des Gelenks, starke Schmerzen, federnde Fixation in Fehlstellung
- Sofortmaßnahmen: Fixierung, keine Einrenkversuche
- Lagerung: nach Angabe des Verletzten, laufende Überprüfung von Durchblutung und Beweglichkeit der Extremitäten
- Abtransport: möglichst schmerzfrei

Augenverletzungen durch UV-Strahlen oder mechanische Einwirkung

- Erkennungsmerkmale: Schmerzen, Tränen, verschleierter Blick
- Sofortmaßnahmen: Ruhigstellung durch Augenbinde, dabei immer beide Augen abdecken
- Lagerung: liegend oder sitzend
- Abtransport: Verletzten nur im Notfall selbst gehen lassen

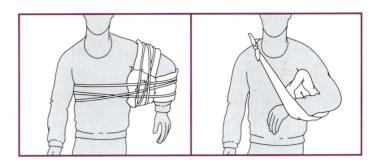

Abtransport von Verletzten

Ist der Verunglückte nicht mehr in der Lage, aus eigener Kraft abzusteigen, so muß er mit fremder Hilfe abtransportiert werden. Je ernster der Zustand des Verletzten ist, desto schonender, jedoch auch dringlicher muß der Transport erfolgen. Ein fachmännischer Verletztentransport kann nur durch die organisierte Bergrettung durchgeführt werden. Die alarmierte Rettungsleitstelle entscheidet je nach Situation, ob eine Boden- oder Luftrettung eingeleitet wird.

Behelfsmäßige Schienung einer Ellenbogenluxation

Behelfsmäßiger Abtransport auf einer Skistocktrage

THEORETISCHE GRUNDLAGEN

Behelfsmäßige Transportmöglichkeiten

Ein behelfsmäßiger Abtransport (durch die am Unfallort anwesenden Helfer) ist immer problematisch und erfordert den vollen Einsatz der Beteiligten. In unwegsamem Steilgelände müssen die Helfer gesichert werden; dazu ist sicherungstechnische Ausrüstung notwendig, die eine Bergwandergruppe selten dabei hat. Möglicherweise kann unsachgemäßer behelfsmäßiger Transport mehr Schaden anrichten als eine mehrstündige Wartezeit auf einen professionellen Verletztentransport durch die Bergwacht. Er sollte daher nur in Ausnahmesituationen erfolgen.

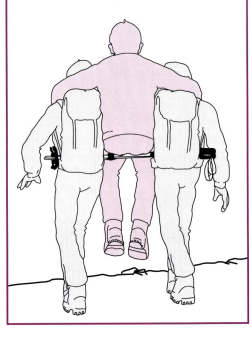

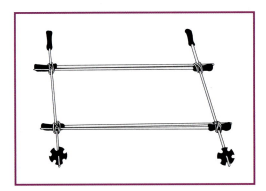

Zu einem Rahmen verbundene Skistöcke mit Biwaksackauflage ermöglichen den liegenden Transport des Verletzten

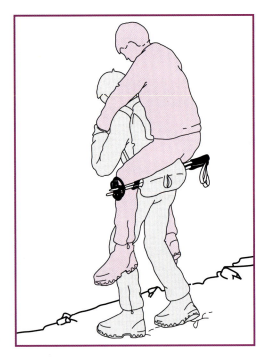

Rechts und rechts oben: Behelfsmäßige Transportmöglichkeiten für Leichtverletzte

Praxistips:
- Der Verletzte muß sich in sehr gutem Allgemeinzustand befinden, also bei vollem Bewußtsein, ohne Schockgefährdung, ohne Gefahr einer inneren Blutung oder einer Wirbelsäulenverletzung sein.
- Die Verletzung darf nur lokaler Art sein, z. B. an Sprunggelenk, Unterschenkel, Arm, Schulter.
- Die Wegstrecke zur nächsten Meldestelle, Schutzhütte oder zur nächsten Fahrstraße muß kurz und einfach sein.
- Ein behelfsmäßiger Transport ist auch dann angebracht, wenn der Rettungsdienst nur nach unzumutbar langer Dauer zum Unfallort gelangen kann.

Unter Berücksichtigung der Gruppenstärke, Arbeitskraft und der vorhandenen Ausrüstung sind folgende Möglichkeiten gegeben:
- Tragen eines Verletzten durch mindestens zwei Helfer mittels Stocktrage (kann aus 4–6 Skistöcken angefertigt werden).
- Tragen eines Verletzten durch einen Helfer mit Rucksacksitz (ein Skistock oder Ast ermöglicht mit Polsterung durch Kleidungsstücke den Sitz)
- Tragen eines Verletzten durch zwei Helfer mit Rucksacksitz

Notfälle im Gebirge

Alpines Notsignal

Gerät man allein oder als Gruppe in Bergnot und ist auf fremde Hilfe angewiesen, ohne daß die Möglichkeit besteht, über Mobiltelefon oder über eine Meldestelle für alpine Unfälle die Bergrettung zu alarmieren, so ist man auf das internationale alpine Notsignal angewiesen. Hinweise dazu sind in jedem Alpenvereinsausweis abgedruckt.

> **Alpines Notsignal:**
> 6mal innerhalb einer Minute wird in regelmäßigen Abständen (alle 10 Sekunden) ein sicht- oder hörbares Zeichen gegeben. Mit jeweils 1 Minute Unterbrechung wird es so lange wiederholt, bis eine Antwort eintrifft. Die Antwortzeichen erfolgen 3mal pro Minute (alle 20 Sekunden).

Hörbare Zeichen

Dazu eignen sich eine Trillerpfeife, Pfiffe oder eindeutige Rufe wie »Hilfe!«. Bei Rufkontakt sollte man sich auf eindeutige Stichworte (»ein Verletzter«, »Hubschrauber«) beschränken und dazwischen kurze Pausen machen, da Echo und Wind die Sätze zerreißen und unverständlich machen.
Der betreffenden Kontaktperson Zeit zur Antwort geben, konzentriert zuhören.

Sichtbare Zeichen

Sie sind über größere Entfernungen erkennbarer als akustische Signale (Sichtverbindung vorausgesetzt). Das optische Signal muß sich stark von der Umgebung abheben und möglichst groß sein, also etwa die Rettungsdecke, der Biwaksack, ein großes, farbiges Kleidungsstück. Es ist immer möglich, daß man mit dem Fernglas beobachtet wird, und man sollte durch ein eindeutiges Bild seine Notlage zeigen, z. B. eine liegende (verletzte) Person, eine stehende Person.
Bei Dunkelheit ist natürlich eine Lampe das beste Signal. Um hier eine klare Abgrenzung gegen eine mit Stirnlampe absteigende Gruppe zu erreichen, hat sich folgendes Vorgehen bewährt: im Takt des alpinen Notsignals abwechselnd 5 Sekunden lang schnelle Blinksignale und 5 Sekunden Pause, dann eine Minute Pause, dann Wiederholung.

Vom Zeitpunkt der Alarmierung bis zum Eintreffen der Rettung kann es allerdings Stunden dauern, was alle Beteiligten auf eine harte Geduldsprobe stellt und einen Schwerverletzten in lebensbedrohlichen Zustand bringen kann. In dieser schwierigen Situation des Wartens muß der Verletzte möglichst gut versorgt und betreut werden.

Unfallmeldung

Im gesamten Alpenraum existieren organisierte Rettungsdienste mit der Möglichkeit der Luftrettung durch Hubschraubereinsatz. Es empfiehlt sich, vor Antritt eines Bergurlaubs die Telefonnummern der Rettungsleitstellen oder der örtlichen Rettungsdienste einzuholen. Für Unfallmeldungen auf Hütten oder im Tal sind mindestens vier Angaben notwendig.

> **Meldeschema bei Alpinunfällen:**
> - Was ist passiert?
>   Art und Schwere der Verletzung (soweit dies beurteilt werden kann), Anzahl der Verletzten, Unfallhergang
> - Wo?
>   Genaue Ortsangabe, wenn möglich mit Koordinaten (UTM, Suchgitter) und Höhenangabe (optimal ist hier die Feststellung des eigenen Standorts mit GPS und die Angabe der UTM-Koordinaten – der Hubschrauber kann direkt nach diesen Koordinaten anfliegen), besondere Geländeverhältnisse (z. B. Hochwald, Absturzgelände)
> - Wann?
>   Uhrzeit des Unfalls
> - Wer meldet und von wo?
>   Name, Telefonnummer für Rückfragen

Der Meldende hält sich an der Meldestelle für eventuelle Rückfragen der Rettungsleitstelle bereit.

THEORETISCHE GRUNDLAGEN

Verhalten am Unfallort bei Eintreffen der Rettung

Hubschrauberrettung: sicher, schonend, schnell

Bis zum Eintreffen der Rettung bleiben deutlich sichtbare Zeichen ausgelegt, um für die Retter das Auffinden der Unfallstelle zu erleichtern. Kann der Lageort der Verletzten schlecht eingesehen werden (beispielsweise in einer Schlucht), so muß eine Person an einem exponierten Punkt auffällige Signale geben.

Vorbereitung auf einen Hubschraubereinsatz

Bei Meldung einer ernsthaften Verletzung, Tageslicht und einigermaßen Sicht kann man in Europa mit einem Hubschrauber rechnen.

Zu einem sicheren Hubschraubereinsatz kann man als Laie am Unfallort beitragen.
- Herumliegende Ausrüstungsgegenstände und Kleidungsstücke entfernen und so verstauen, daß sie nicht durch den Rotorwind hochgewirbelt werden können. Lockeren Schnee am möglichen Landeplatz festtreten.
- Wenn möglich, Verletzten in der Nähe (50 m entfernt) des Landeplatzes lagern.
- Bei Annäherung des Hubschraubers Blickkontakt aufnehmen und mit erhobenen Armen (Yes-Stellung) einweisen; Handzeichen des Piloten oder Flugretters beachten.

Formen des Hubschraubereinsatzes

Der Pilot hat mehrere Möglichkeiten des Einsatzes:
- Einsatz mit Landung, auch Schräghanglandung
- Einsatz während des Flugs, also Schwebeflug bzw. Anwendung der Rettungswinde

Welche Einsatzform letztlich in Frage kommt, hängt von verschiedenen Faktoren ab:
- Geländebeschaffenheit, Landemöglichkeit
- Größe und Bauart des Hubschraubers, Verfügbarkeit einer Rettungswinde

Die letzte Entscheidung über die Einsatzform liegt beim Piloten.

Unter folgenden Voraussetzungen ist eine Hubschrauberlandung möglich:
- Der Landeplatz im Gebirge muß eine Aufsetzfläche von mindestens 4 x 4 m haben, eben sein und festen Grund aufweisen.
- Eine Landefläche muß 20 x 20 m groß und absolut hindernisfrei sein (keine Leitungen etc.). Sie darf keine Mulden haben, für sämtliche Rotoren muß Bodenfreiheit gewährleistet sein.

Notfälle im Gebirge

Yes-/No-Signal

- Landungen und Start müssen grundsätzlich gegen den Wind erfolgen können.
- Der Bewuchs darf nicht höher als 30 cm sein.

Der Hubschrauber muß zur Landung eingewiesen werden.

International gebräuchliche Signale für Rettungsflugzeuge:
- Y für Yes, ja, wir brauchen Hilfe.
- N für No, nein, wir brauchen keine Hilfe.

Praxistips:
- Aufstellung 10 m vor dem Landeplatz in Yes-Stellung
- Rücken gegen den Wind
- Blickkontakt zum Piloten

Wenn dem Piloten eine Landung nicht möglich erscheint, so sind weitere Einsatzformen möglich:
- Schwebeflug: Der Flugretter steigt im Schwebeflug aus dem Hubschrauber, versorgt den Patienten, ruft anschließend den Hubschrauber an den Unfallort zurück und verlädt den Patienten im Hubschrauber.
- Einsatz mit Bergetau: Der Flugretter wird mit dem Seil am Unfallort abgesetzt, versorgt den Verletzten und lagert ihn in einem Transportmittel. Dann ruft er den Hubschrauber zurück und läßt sich samt dem Patienten aufnehmen. Ein Zwischenlandeplatz zum Verladen des Patienten in das Innere des Hubschraubers wird angeflogen.
- Einsatz mit Seilwinde: Er verläuft im Prinzip wie die Rettung mit Bergetau. Nachdem der Hubschrauber den Retter und den Patienten wieder aufgenommen hat, können beide mit Hilfe der Seilwinde direkt in den Hubschrauber verladen werden.

Praxistip:
- Ab dem Eintreffen der organisierten Rettung hat der Einsatzleiter das Kommando. Seinen Anweisungen ist in jedem Fall Folge zu leisten.

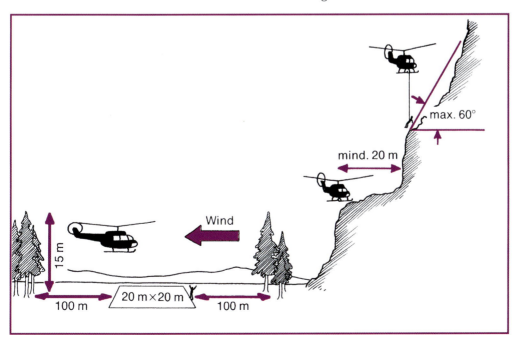

Einsatzmöglichkeiten des Hubschraubers im Gebirge

THEORETISCHE GRUNDLAGEN

Hubschrauberrettung mit dem Bergetau

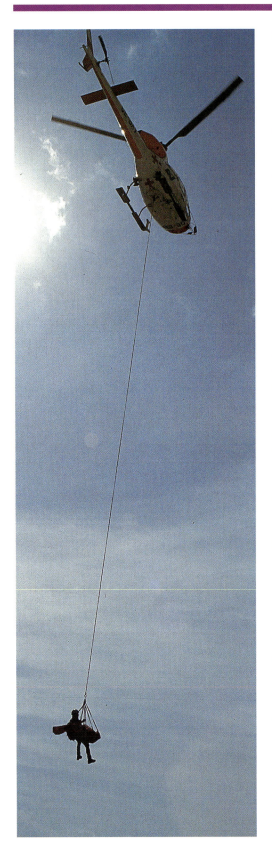

WETTERKUNDE

Wetterentwicklung

Wer in den Bergen unterwegs ist, möchte ungern von einem Wettersturz überrascht werden. Denn schlechtes Wetter in den Bergen kann nicht nur kalt und feucht, sondern lebensgefährlich sein.

Mit zunehmender Meereshöhe sinkt die Lufttemperatur, bei Trockenheit um 1 °C pro 100 hm. Bei Sonnenschein und Windstille hat man damit in Höhenlagen um 2000 m eine angenehme Sommertemperatur, wenn im Tal brütende Hitze herrscht. Bewölkung, Regen und Wind führen jedoch sofort zu einem empfindlichen Temperatursturz; bei Kaltluftzufuhr kann der Regen ohne weiteres in Schnee übergehen, und zwar in jedem Monat des Sommers. Kommt man unvorbereitet in einen Wettersturz, können Kälte und Nässe innerhalb von Stunden zur völligen Schwächung und Unterkühlung führen.

Der Gefahr eines Wettersturzes kann nur entgehen, wer über die Wetterentwicklung informiert ist. Eine Kombination des amtlichen Bergwetterberichts mit eigenen Beobachtungen der Wetterzeichen vor Ort ergibt recht genaue Prognosen für die nächsten ein bis zwei Tage. Die Kenntnis meteorologischer Gesetzmäßigkeiten verbessert die eigenen Vorhersagemöglichkeiten.

Der Fernsehwetterbericht des entsprechenden Landes am Vorabend der Tour bildet die Grundlageninformation über die Wetterentwicklung. Vor dem Aufbruch am frühen Morgen sollte nochmals der neueste Wetterbericht gehört werden. Er steht ab 7 Uhr in Rundfunk und Telefonansagediensten zur Verfügung. Die aktuellen Spezialwetterberichte (Bergwetter) gibt es ab 8 Uhr.

Besonders zu beachten sind:
- Temperaturen in 2000 und 3000 m, Temperaturstürze, Höhe der Null-Grad-Grenze
- Ankündigungen von Kaltlufteinbrüchen mit Niederschlag, Schneegrenze
- Ankündigung von Gewittern: Für welche Tageszeit werden sie vorhergesagt, sind es Wärmegewitter oder Frontgewitter?

Wetterkunde

Typische Wetterlagen in den Alpen

Einige der im Alpenraum auftretenden Wetterlagen zeichnen sich durch ein typisches, immer ähnliches Erscheinungsbild aus.

Westwindlage

In einer westlichen Höhenströmung fließt feuchte Luft vom Atlantik gegen Europa. Eingelagert in dieser Westwindströmung ziehen mit einem Tiefdruckgebiet verbunden Polarfrontwellen im zeitlichen Abstand von ein bis zwei Tagen über Mitteleuropa hinweg. Westwindlagen können mehrere Tage, bisweilen sogar über eine Woche andauern.

Das Wetter am West- und Nordrand der Alpen ist sehr wechselhaft; die Südseite ist dagegen wetterbegünstigt (wärmere Temperaturen, weniger Niederschläge).

Praxistips:
- bei Westwindlage Gefahr von Niederschlägen, Berge vorwiegend in Wolken
- starker Wind
- an der Kaltfront (Rückseite) Gewitter möglich
- nach Kaltfrontdurchgang markante Abkühlung

Südföhn

Wichtigste Voraussetzung für den Südföhn ist eine süd- bis südwestliche Höhenströmung über die Alpen. Auf der Wetterkarte ist bei dieser Wetterlage ein Tief nordwestlich bis westlich von Süddeutschland und der Schweiz im Raum Nordfrankreich, Ärmelkanal, Südengland zu erkennen. Über Oberitalien bildet sich ein Hochdruckgebiet. Damit ergibt sich eine Luftmassenbewegung von Süd nach Nord über die Alpen. Die Föhnlage kann mehrere Stunden bis Tage andauern und ganz unterschiedliche Intensität aufweisen.

Die von Süden her anströmende feuchte Mittelmeerluft steigt am Alpensüdhang auf und bildet Staubewölkung mit Niederschlag. Dabei kühlt sie sich ab; wegen der Wolkenbildung (Kondensation) allerdings nur um ca. 0,6 °C pro 100 hm. Nördlich des Alpenhauptkamms sinkt die Luft wieder und wird dabei durch Kompression erwärmt. Die Wolken lösen sich dabei rasch auf; die Erwärmung der jetzt trockenen Luft beträgt ca. 1 °C pro 100 hm. Damit können auch in der kalten Jahreszeit am Alpennordrand bis ins Voralpenland hinaus bei klarer Sicht und Südwind relativ hohe Temperaturen erreicht werden. Typische Wolkenformen sind die Föhnwalze am Alpenhauptkamm und Linsenwolken (Lenticularis), auch »Föhnfische« genannt.

Gerade im Spätherbst ermöglicht der Südföhn am nördlichen Alpenrand wunderschöne Bergtouren bei milden Temperaturen und bester Fernsicht.

Wettersturz im Sommer auf 2500 m am Dachstein

Westwetterlage: Regenfront über den Berchtesgadener Alpen

53

THEORETISCHE GRUNDLAGEN

Nordstau

Ein Hochdruckgebiet liegt über dem Atlantik und der Nordsee, ein Tief über Osteuropa. Bei dieser Druckverteilung fließt feuchte und kalte Luft aus dem Nordseeraum gegen die Alpen. Damit entsteht am Alpennordrand eine Staulage mit anhaltenden Niederschlägen und tiefen Temperaturen.

Auch im Hochsommer kann es in den Hochlagen zu ergiebigen Schneefällen kommen. Die Wetteraktivität ist dabei in den Ostalpen stärker als in den Westalpen, da sich im Westen der Hochdruckeinfluß bemerkbar macht. Die Alpensüdseite ist wetterbegünstigt, in den Bergen Südfrankreichs kann ein kalter Nordwind (Mistral) blasen.

Föhnwolken über dem Voralpenland

Praxistips:
- bei Südföhn Berge von Süden her in Wolken, Niederschläge in den Südalpen
- sehr starker, turbulenter Wind in den Kammlagen
- Zusammenbruch der Schönwetterlage im Föhngebiet plötzlich und überraschend möglich

Praxistips:
- bei Nordstau anhaltende Niederschläge, vor allem im Osten
- Sinken der Schneefallgrenze im Sommer bis in Tallagen möglich
- in den Bergen starker Wind aus Nordwest bis Nord

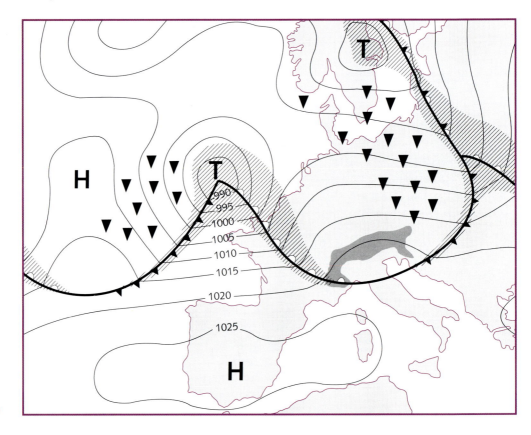

Westwindlage

Wetterkunde

Hochdrucklage

Ein Hoch mit Zentrum über den Alpen führt in seinem Einflußbereich zu wolkenarmem bis wolkenlosem Himmel: Im Hoch sinkt die kalte Luft langsam ab und sorgt dadurch für die Auflösung der Wolken.

Hochdruckgebiete sind ausgedehnte Schönwetterzonen, die stabil sind und sich nur sehr langsam verlagern; sie können uns Schönwetterperioden von wenigen Tagen bis hin zu mehreren Wochen bescheren. Damit sind beste Voraussetzungen für unbeschwerte Bergwanderungen gegeben.

Im Herbst und Winter können sich durch die starke Abkühlung ausgedehnte Bodennebelfelder bilden, die sich auch tagsüber nicht auflösen (Inversionslage). In der Höhe genießt man jedoch strahlenden Sonnenschein und herrliche Fernsicht.

Südföhn

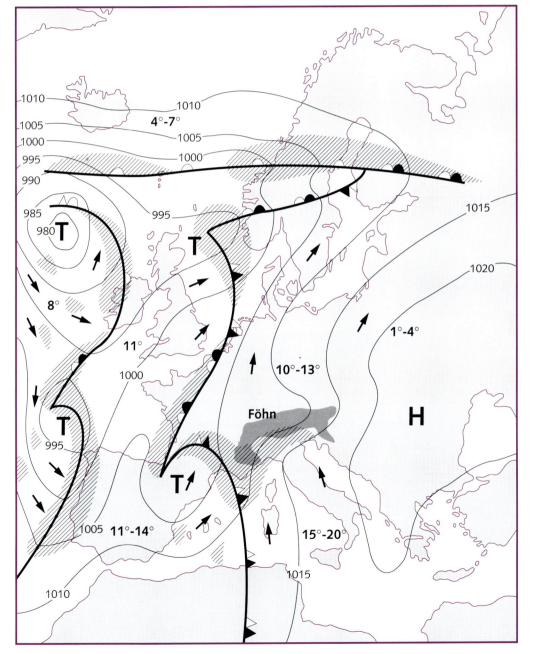

THEORETISCHE GRUNDLAGEN

Rechts:
Schematische
Darstellung des
Föhns

Unten links:
Herbstliche
Hochdrucklage

Unten rechts:
Sommerliche
Hochdrucklage
mit starker
Quellwolken-
bildung

Rechte Seite:
Wolken-
stimmung am
Untersberg

Praxistips:
- Bei Hochdrucklagen kann die starke Abkühlung in der Nacht zur Vereisung von nassen Wegstellen führen. Vorsicht beim Gehen am Morgen.
- Morgens ist die Bewölkung am geringsten und die Fernsicht am besten; ein früher Aufbruch lohnt sich.
- Bei Abschwächung des Hochs kommt es im Sommer häufig zu Wärmegewittern.

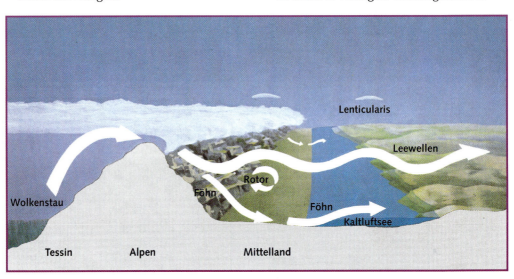

Wetterkunde

THEORETISCHE GRUNDLAGEN

Nordstau

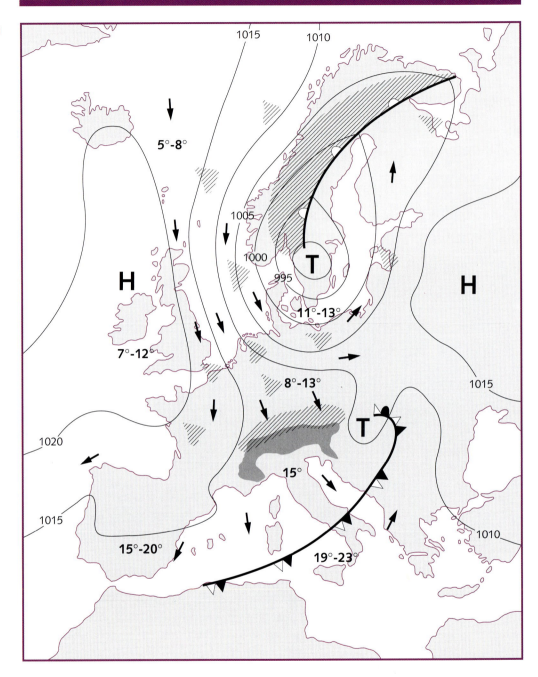

Wetterkunde

Sommerliche Hochdrucklage

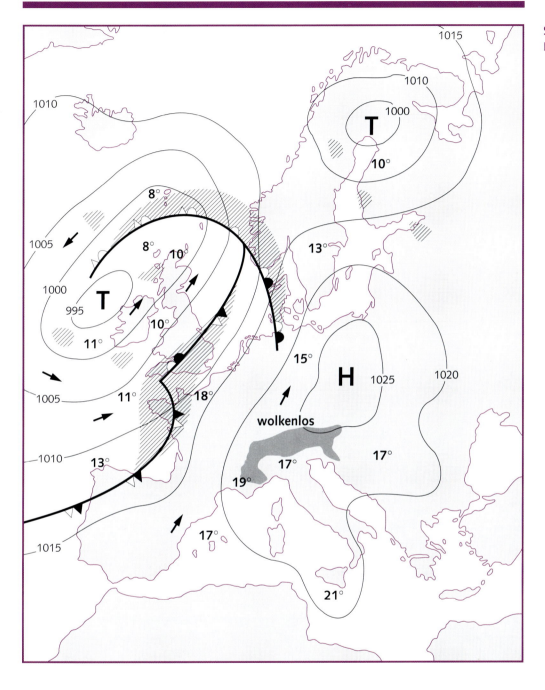

THEORETISCHE GRUNDLAGEN

ORIENTIERUNG

Der Erfolg und die Sicherheit einer Bergwanderung hängen entscheidend von einer guten Orientierungsfähigkeit ab, auch wenn man sich zumeist auf markierten Wegen und Steigen bewegt.

Wer vom Weg abkommt oder auch auf einem Weg die falsche Richtung einschlägt, kann durchaus in ernsthafte Gefahrensituationen kommen. Man denke hier nur an Absturzgelände, an starken Zeitverzug und an die Gefahr, von der Dunkelheit überrascht zu werden und damit ein ungeplantes Biwak oder einen Absturz zu riskieren.

Zur Orientierung auf Bergwanderungen gehören:
- vorbereitende Orientierung
- Kenntnisse über Wegmarkierungen
- Orientierung im Gelände, Geländeeinschätzung
- gute Kenntnisse im Kartenlesen
- Beherrschen der Anwendung von Kompaß und Höhenmesser
- Erfahrungswerte im Abschätzen von Entfernungen, Höhenunterschieden und Steilheiten im Gebirge

Alpenvereinskarte im Maßstab 1:25 000 als Orientierungsgrundlage

Vorbereitende Orientierung

Ist eine Bergwanderung in noch unbekanntem Gelände geplant, so schafft man sich bereits im voraus ein Bild über die zu erwartenden Gegebenheiten.

Als Hilfsmittel dazu dienen:
- Topografische Karten (Maßstab 1:50 000 oder 1:25 000): Sie geben eine genaue Darstellung des Geländes wieder und enthalten die wichtigsten Informationen für den Bergwanderer wie Höhenunterschiede, Steilheit, Wegverlauf, Entfernungen usw.
- Panoramakarten: Sie sind ein hervorragendes Hilfsmittel für den ersten, groben Überblick über Gipfel, Täler und Ortschaften sowie das Relief des Geländes.
- Ansichtsfotos: Sie geben ähnlich wie die Panoramakarten ergänzende Informationen. Bergansichten können beispielsweise wichtige Details zur Geländebeschaffenheit enthalten.
- Wegbeschreibungen: Sie sind in der Führerliteratur (AV-Führer, sonstige Führerbücher) zu finden und beschreiben den Wegverlauf in Worten. Sie informieren über Gehzeiten, Schwierigkeiten, besondere Gefahrenstellen, landschaftliche Eigenheiten sowie zur Infrastruktur (Übernachtungsmöglichkeiten, Verkehrsmittel, Bergrettung).
- Gespräche mit Gebietskennern: Sie können wichtige Informationen über Details, vor allem über aktuelle Verhältnisse, bieten, sind jedoch oft subjektiv geprägt, vor allem was Schwierigkeitseinschätzung und Gehzeiten betrifft.
- Telefonische Erkundigungen über aktuelle Verhältnisse wie Wetter, Wegzustand, Schneeverhältnisse usw. können bei der Alpinen Auskunft, bei Bergführern oder Hüttenwirten eingeholt werden.

Mit diesen Hilfsmitteln lassen sich Touren optimal vorbereiten. Je mehr Informationen der Bergwanderer vorher über seine geplante Unternehmung hat, desto weniger unliebsame Überraschungen wird er erleben.

Orientierung

Folgende Informationen sollten bereits vor Antritt der Tour vorliegen:
- Ausgangsort, Verlauf, Zeitdauer
- Schwierigkeit, Höhenunterschiede, maximale Höhe (wegen eventueller Akklimatisation)
- Verhältnisse wie Schneelage, Hüttenöffnung, Wegzustand, Wetterentwicklung
- bei Mehrtagestouren: Übernachtungsmöglichkeiten

Wegmarkierungen

Touristisch interessante Bergwanderwege sind meist markiert. Die Markierungen sind regional unterschiedlich.

Allgemein gelten folgende Grundsätze:
- Die Markierungen sind mit gut sichtbarer Farbe an Bäume, Felsen oder auf eigenen Wegtafeln angebracht.
- Die Markierungsstriche deuten oft den Wegverlauf in Form einer Biegung oder Kehre an.
- Ein »X« bedeutet: Hier nicht weitergehen, Weg führt nicht weiter.

Markierungsarten	
Weg führt nicht weiter	
Kehre nach rechts	
Wegbiegung	
Zwischenmarkierung	
Hauptmarkierung	

Auf Wegmarkierungen für die Wanderwege der Fremdenverkehrsverbände in Tirol und auch anderer österreichischer Bundesländer sind, analog zu den Pistenmarkierungen, Symbole für die Schwierigkeit des Weges angebracht.

AV-Wegweiser mit Wegnummern in den Lechtaler Alpen

Diese Angaben sollen den unerfahrenen Urlauber auf die besonderen Schwierigkeiten von Bergwegen hinweisen.
- blaue Wege: leicht
- rote Wege: nur für geübte Bergsteiger mit entsprechender Ausrüstung
- schwarze Wege: schwierige Wege, nur mit entsprechender Ausrüstung für geübte Bergsteiger (für Ungeübte nur mit Bergführer empfohlen)

Markierung von Alpenvereinswegen

Der Österreichische und der Deutsche Alpenverein unterhalten zusammen ein Wegenetz von etwa 40 000 km in den Ostalpen.
Es werden keine neuen Steige mehr gebaut, die vorhandenen werden aber erhalten und instandgesetzt. Mit Rücksicht auf die Hochgebirgsnatur wird nur soviel wie unbedingt nötig markiert.

Links: Richtlinien für die Wegmarkierung in den Alpen

THEORETISCHE GRUNDLAGEN

Diese Wege sind überwiegend mit einem weißen Rechteck markiert, das oben und unten von roten Strichen begrenzt ist. In nicht zu großen Abständen wird die Berg- bzw. Talrichtung durch Schrägstriche am oberen und unteren Balken kenntlich gemacht. Als Zwischenmarkierungen sind rote Farbtupfen, möglichst im weißen Kreis, angebracht, am Beginn von bezeichneten Wegen sowie an Abzweigungen Wegtafeln mit Zielangabe, Gehzeit, Richtungspfeil. Hinweise wie »Nur für Geübte« können den Inhalt ergänzen.

Mitunter werden die AV-Wege von überregionalen Weitwander- und Europäischen Fernwanderwegen überlagert. Allein in Österreich gibt es zehn Weitwanderwege mit bis zu 23 Tagesetappen. Die Europäischen Fernwanderwege benützen auf ihren Alpenetappen die AV-Wege sowie die Weitwanderwege.

Numerierung der Ostalpenwege

- Tagestouren, die von Fremdenverkehrsorten ausgehen und die auch von diesen markiert werden, sind mit ein- und zweistelligen Ziffern von 1 bis 99 numeriert, an jedem Ort neu beginnend.
- Wege der Alpinen Vereine (AV-Wege) erhalten dreistellige Nummern. Die Abgrenzung geschieht nach der sogenannten Moriggl-Einteilung der Gebirgsgruppen in den Ostalpen. Die Nummern können sich wiederholen, jedoch nicht in zwei unmittelbar nebeneinander liegenden Gebieten. Die Wege einer Gebirgsgruppe beginnen also (mit wenigen Ausnahmen) alle mit der gleichen ersten Ziffer.

Wegweiser des Fremdenverkehrsverbands in den Ötztaler Alpen

Beispiele:
Wettersteingebirge: Nr. 8, Weg vom Eibsee zur Wiener-Neustädter Hütte, Nr. 821; Karwendel: Nr. 2, Weg von Innsbruck zum Solsteinhaus, Nr. 214; Kaisergebirge: Nr. 8, Weg von Going über die Gruttenhütte und die Ellmauer Halt nach Hinterbärenbad, Nr. 813

- Die Weitwanderwege sind mit 01 bis 10 numeriert; diese Nummern werden auf AV-Wegen an die 100er-»Grundnummer« angehängt.

Beispiel:
Nordalpiner Ost-West-Weitwanderweg 01: Wegabschnitt 12, Dachsteingruppe, Linzer Weg, Nr. 601; Wegabschnitt 17, Kaisergebirge, Nr. 801; Wegabschnitt 19, Karwendelgebirge, Nr. 201; Wegabschnitt 20, Wettersteingebirge, Variante alpin, Nr. 801A usw.

Wegmarkierung in der Schweiz

- gelb: Wanderweg
- weiß/rot/weiß: Bergwanderweg für Erfahrene
- weiß/blau/weiß: alpiner Weg, stellenweise weglos, mit alpinen Gefahren, leichten Kletterstellen oder Gletscherüberquerungen (Seil und Pickel können je nach Verhältnissen nötig sein)

Europäische Fernwanderwege

Die Europäischen Fernwanderwege sind alle durchgängig mit E1 bis E8 bezeichnet.

Folgende Fernwanderwege führen durch die Alpen:
- E1: Nordsee–Bodensee–Gotthard–Mittelmeer
- E4: Pyrenäen–Jura–Neusiedler See (mit Variante E4 voralpin durch die nördlichen Voralpen)
- E5: Bretagne–Bodensee–Adria

Soweit die Europäischen Fernwanderwege auf Alpenvereinswegen verlaufen, sind zusätzliche Tafeln angebracht bzw. die Bezeichnungen E1, E4, E5 auf den vorhandenen Wegtafeln ergänzt.

Orientierung im Gelände

Grundsätzlich sollte man beim Bergwandern immer wissen, wo man sich gerade befindet. Dies ist nur möglich, wenn man immer wieder das Gelände mit der Karte vergleicht. Das beginnt bereits beim Ausgangspunkt im Tal, den man auf der Karte genau bestimmen muß. Im weiteren Wegverlauf, besonders an Verzweigungen, ist der eigene Standort anhand der Karte und der Markierungen immer wieder zu bestimmen.

Nur mit diesem Hintergrundwissen kann in zweifelhaften Fällen, wenn z. B. an einer Verzweigung keine Wegweiser angebracht sind oder wenn schlechte Sicht herrscht, der richtige Weiterweg gewählt werden.

Praxistips:
- An markanten Punkten (Gipfeln, Pässen, Verzweigungen) muß der eigene Standort auf der Karte festgestellt werden, um den räumlichen und zeitlichen Verlauf der Tour kontrollieren und den weiteren Verlauf bestimmen zu können.
- Notwendige Hilfsmittel zur Orientierung im Gelände sind topografische Karten im Maßstab 1:25 000 oder 1:50 000, Wegbeschreibungen, Kompaß und Höhenmesser.

Kartenlesen

Das Beherrschen des Kartenlesens ist für jeden Bergsteiger und Wanderer die Orientierungsgrundlage. Denn eine gute Karte enthält unzählige Informationen, die zum sicheren Durchführen von Bergtouren notwendig sind.

Aus einer Karte können abgelesen werden:
- Ziel, Richtung und Länge eines Weges
- Geländeformen, Oberflächenbeschaffenheit, Bewuchs
- Geländesteilheit
- Verkehrswege, Siedlungen, Bauten, Gewässer
- Koordinaten (Längen- und Breitengrade, UTM-Gitter; wichtig für die Navigation mit GPS)
- übliche Wander- und Skirouten und deren Kennzeichnung

Kartenmaßstab – Messen von Entfernungen

Unter dem Kartenmaßstab wird das lineare Verkleinerungsverhältnis der Karte gegenüber der Natur verstanden. Für Wanderer und Bergsteiger eignen sich besonders Karten in den Maßstäben 1:25 000 sowie 1:50 000 (Alpenvereinskarten, Landesvermessungskarten), wobei der Wanderer im Normalfall mehr den mittleren (1:50 000) und der Bergsteiger mehr den größeren Maßstab (1:25 000) bevorzugt.

Karten in den Maßstäben 1:100 000 bis 1:500 000 sind besonders als Übersichtskarten geeignet.

Das Messen von Entfernungen auf der Karte und das Umrechnen in die Naturmaße sind problemlos. Mit einem Millimeterlineal nimmt man das Maß der gesuchten Strecke ab und multipliziert es mit der Maßstabszahl. Es ergibt sich die Strecke in der Natur, allerdings in der Einheit Millimeter oder Zentimeter. Entsprechendes Kürzen ergibt die Meter- oder Kilometereinheit.

> **Umrechnung von der Karte in die Natur:**
>
> Maßstabszahl x Kartenstrecke =
> = Strecke in der Natur

Beispiel:
Sie wollen im Rahmen der Tourenvorbereitung die wahre Entfernung von der Wiesbadener Hütte (2443 m) zum Vermuntpaß (2797 m) ermitteln. Auf der AV-Karte messen Sie den Abstand 95 mm (siehe Kartenausschnitt auf S. 64). Die Karte hat den Maßstab 1:25 000, die Maßstabszahl ist also 25 000. Die Multiplikation der Kartenstrecke 95 mm mit der Maßstabszahl 25 000 ergibt 2 375 000 mm. Bei der Umrechnung in Meter kommt man auf 2375 m.

Dies ist jedoch die Luftlinie, also der kürzeste Weg zwischen den beiden Punkten. Zudem handelt es sich um die Vertikalprojektion der Geländepunkte auf die Horizontal- oder Kartenebene.

Der wirklich zu gehende Weg ist also immer etwas länger als die aus der Karte ermittelte Strecke.

THEORETISCHE GRUNDLAGEN

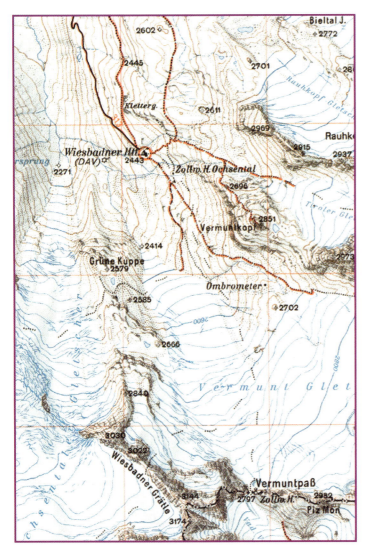

- Die Kartenhüllen der AV-Karten sind aus transparenter Folie und haben verschiedene Maßstabsleisten aufgedruckt. Durch direktes Auflegen der Hülle auf die Karte kann eine beliebige Entfernung sofort entnommen werden.

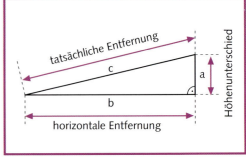

Himmelsrichtungen

Grundsätzlich ist bei topografischen Karten Norden immer oben. Die beiden seitlichen Ränder weisen demnach in Nord-Süd-Richtung. Dementsprechend ist Osten rechts und Westen links. Weiß man im Gelände seinen Standort und dreht die Karte in Übereinstimmung mit den Himmelrichtungen, kann man sich bereits grob orientieren.

Kartenausschnitt Wiesbadener Hütte

Rechts: Entfernungsermittlung zeichnerisch und durch Auflegen

Praxistips:
- Die Entfernungsberechnung läßt sich vereinfachen, wenn man die untenstehenden Maße im Kopf hat.
- Neben der Maßstabsangabe in Ziffernform findet man immer auch eine grafische Maßstabsleiste. Sie hat den Vorteil, daß man der Karte entnommene Strecken durch Anlegen an die Maßstabsleiste in die Strecke in der Natur übertragen kann.

Maßstab	Entfernung auf der Karte	Entfernung in der Natur
1:100 000	1 cm	1 km
1:50 000	2 cm	1 km
1:25 000	4 cm	1 km

Orientierung

Auch die Kartenbeschriftung und die Höhenangaben können zur Richtungsorientierung dienen. Sie sind immer von links nach rechts bzw. von West nach Ost angeordnet.
Bei flächenhaften Objekten erfolgt die Beschriftung parallel zur Linienführung (z. B. Flußlauf) oder in Richtung der größten Ausdehnung (z. B. Gletscher, See).

Geländeformen und Geländesteilheit

Bei guten Wanderkarten erkennt man auf den ersten Blick die Geländeformen, auf den zweiten auch die Steilheit. Den entscheidenden Beitrag dazu liefern die Höhenlinien. Sie sind die einzige geometrisch einwandfreie Form der Reliefwiedergabe.

Praxistips:
- Die Höhenlinien sind gedachte Linien, die alle benachbarten Geländepunkte gleicher Meereshöhe miteinander verbinden.
- Aus dem Höhenlinienbild läßt sich exakt das Relief des dargestellten Geländes ermitteln.
- Der Abstand zwischen zwei Höhenlinien ist am Kartenrand angegeben; auf den topografischen Karten 1:25 000 beträgt er meist 20 m, die 100-m-Linie ist verstärkt dargestellt. Je enger die Linien beieinanderliegen, desto steiler, je weiter sie voneinander entfernt sind, desto flacher ist das Gelände.

Ganz links: Ortsnamen in West-Ost-Richtung, Geländenamen parallel zur Linienführung

Links: Flächenhafte Objekte in Richtung der größten Ausdehnung

Maßstabsleisten

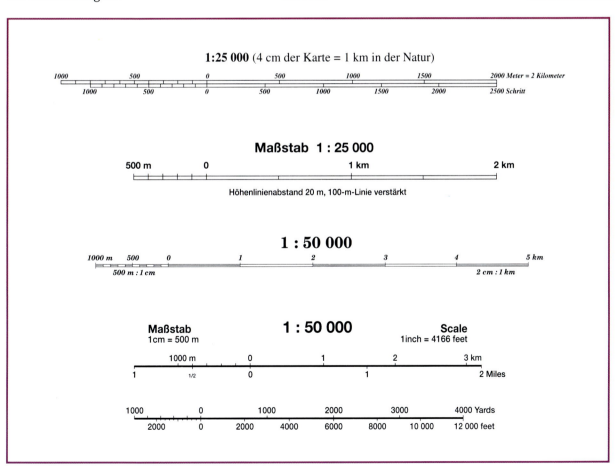

65

THEORETISCHE GRUNDLAGEN

Höhenangaben

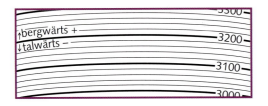

Böschungs-maßstabs-leisten und Schichten-abstands-maßstäbe

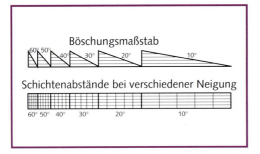

Trigono-metrischer Gipfelpunkt

Kartenausschnitt aus der AV-Karte Rofan mit aufgedrucktem Suchgitter

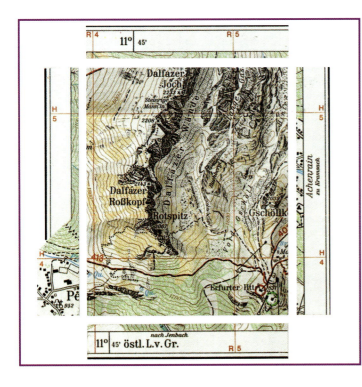

- Höhenangaben an 100-m-Höhenlinien (»Zähllinien«) verbessern die Ablesbarkeit des Höhenlinienbildes. Diese Höhenangaben sind meist so geschrieben, daß sie im Gelände »richtig« stehen würden, also nicht auf dem Kopf. Damit erkennt man bereits auf Anhieb, in welcher Richtung eines Hangs es nach oben oder nach unten geht.
- In mehrfarbigen Karten ist die Farbe der Höhenlinien für bewachsenen Boden Braun, für Fels und Schutt Schwarz, für Gletscheroberflächen und Seegrund Blau.
- Jede topografische Karte ist mit einem unregelmäßigen und mehr oder weniger dichten Punktenetz überzogen. Man findet solche Höhen- oder Vermessungspunkte immer an topografisch wichtigen, im Gelände klar identifizierbaren Orten: etwa an Gipfelpunkten, Sattelpunkten, Wegkreuzen, Flußeinmündungen und vergleichbaren Stellen. Die Höhenpunkte helfen, die verschiedenen Geländeformen in ihren Einzelheiten zu charakterisieren. Sie sind in Gebirgskarten ein wichtiges Hilfsmittel zur Höhenorientierung, z. B. als Fixpunkte für die Justierung des Höhenmessers.

Oberflächenbeschaffenheit, Bewuchs und Wasserläufe

Sie werden mit verschiedenen Zeichen und Farben kenntlich gemacht: Wälder und Seen mit grünen und blauen Flächensignaturen, Felsen mit Schraffen. Spezielle, kleinräumige Geländeabschnitte werden mit besonderen Kartenzeichen verdeutlicht.

Verkehrswege, Siedlungen, Bauten

Wege und Steige sind auf Topo-Karten in ihrem Verlauf möglichst genau dargestellt, in ihrer Breite jedoch generalisiert, das heißt nicht maßstäblich, wiedergegeben. Bauten, die eine kleinere Seitenlänge als 25 Meter haben, sowie sonstige Besonderheiten (Wegkreuze, Hecken usw.) sind immer generalisiert.
Die Erläuterungen zu diesen topografischen Einzelzeichen lassen sich jeweils in der Kartenlegende finden.

Orientierung

Beispiele zur Geländedarstellung

Beispiele zur Geländedarstellung mit geomorphologischen und geologischen Erläuterungen

Signaturen für natürliche Kleinformen

Erosionsschlucht, Toteisloch

Dolinen, Oberjurakalke

wenig geneigte Lagerung, stark geklüftet, mit Rinnenkarst

scharfe Kante

Flußterrassen im Tal

Hauptdolomit und Plattenkalk

wenig geneigt, gut gebankt

stumpfe Kante

Lokalmoränen

morphologisch deutlich, bereits begrast, Bergsturzmaterial

Felsen im gebankten Hauptdolomit

mittelsteil fallend

gerundeter Übergang

Plateau

aus geklüfteten, massigen, flachlagernden Kalken (vorwiegend Rätoliaskalk), mit Steilabbrüchen, Bergsturzmaterial und Bergzerreißungen

Felsenwand im Wettersteinkalk

Lagerung nicht erkennbar, Schuttkörper am Fuß der Felswand

Negativkante

Tobel

mit Dolomitschutt am Gebirgssockel (Dolomitrinnen)

gestufte Felswände

in festen, dickbankigen Kalken, flach lagernd; Steilwände: vorwiegend Rätoliaskalk, Gratbereich: Hornsteinbreccie und Oberjurakalk

Abriß

Almgelände

zwischen felsigen Kalken (Rätoliaskalken, Liasrotkalken und Radiolarienschichten)

Felsberge

meist in dickbankigen Kalken (vorwiegend Rätoliaskalke und Liasrotkalke) mittelsteil fallend

Felszeichnung

Die Felszeichnung als Formzeichnung beruht nicht nur auf den geometrischen Prinzipien der Schraffenkonstruktion, sondern auch auf freier, künstlerischer Strichdarstellung.

THEORETISCHE GRUNDLAGEN

Fotografische, natürliche Ansicht	Entsprechende Reliefdarstellung	Entsprechendes Höhenlinienbild
	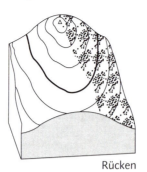 Rücken	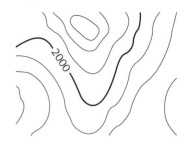
	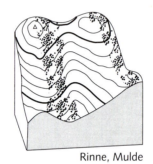 Rinne, Mulde	
	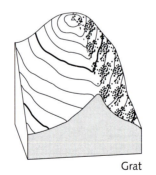 Grat	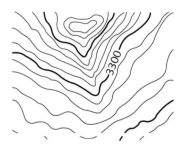
	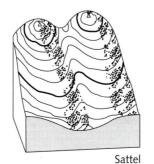 Sattel	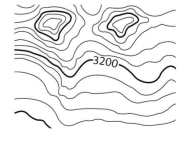

Orientierung

Koordinaten (Längen- und Breitengrade, UTM-Gitter)

Die Längen- und Breitengrade sind zumindest am Kartenrand angegeben, auf Schweizer Karten sowie auf Militärkarten ist das UTM-Gitter aufgedruckt. Mit dem Einzug der Satellitennavigation durch GPS gewinnen diese Gitter auch für Bergwanderer zunehmend an Bedeutung.

Auf AV-Karten ist ein Kilometergitter rot aufgedruckt. Die vertikal (von Nord nach Süd) verlaufenden Koordinaten besitzen den Kennbuchstaben R und werden bei jeder AV-Karte neu von links nach rechts, mit 1 beginnend, durchnumeriert. »R« steht dabei für »Rechtswert«.

Die horizontalen Koordinaten (von West nach Ost) werden von unten nach oben gezählt und entsprechend durchnumeriert. Diese Koordinaten tragen den Kennbuchstaben H (Hochwert).

Damit lassen sich beliebige Punkte auf der Karte präzise angeben und übermitteln.

Weitere Informationen sind in Kartenlegende, Kartenzeichen, in Orts- und Höhenangaben enthalten.

Vergleich von Gelände und Karte

Diese am häufigsten praktizierte Tätigkeit im Bereich der Orientierung hilft dem Wanderer, sich aufgrund des Kartenbildes eine möglichst genaue Vorstellung von der Natur zu machen sowie die Karte richtig zu interpretieren.

Zunächst sollte man die Karte richtungsgleich mit der Natur halten oder einnorden. Dazu wird die waagerecht aufgefaltete Karte so lange gedreht, bis ihre seitliche Kante nach Norden zeigt. Dies läßt sich meist anhand von markanten Geländepunkten ohne weiteres durchführen. Auch durch den Vergleich von Linienbildern der Karte mit den entsprechenden in der Natur, wie z. B. dem Verlauf eines Weges oder Grates, läßt sich eine Karte leicht einnorden. Wo dies nicht möglich ist, wird auf den Kompaß zurückgegriffen.

Praxistip:
- Der Blick in das Gelände und der Blick in den entsprechenden Kartenausschnitt sollten immer gleich gerichtet sein.

Durch den Vergleich von Gelände und Karte läßt sich der eigene Standort bestimmen:
- Die Karte wird eingenordet.
- Markante natürliche Punkte (sie müssen sich innerhalb des Kartenausschnitts befinden) werden mit der entsprechenden Darstellungsform in der Karte verglichen.
- Decken sich Kartenbild und Natur in ihrer Richtung, wählt man geeignete markante Geländepunkte aus, die in gleicher Blickrichtung liegen, aber genügend weit voneinander entfernt sind. Von ihnen aus denkt man sich gerade, nach rückwärts verlaufende Verbindungslinien und sucht diese auf der Karte auf.
- Der Schnittpunkt der gedachten rückprojizierten Linien auf der Karte gibt ungefähr den Standort an.
- Bei der Wahl guter Fluchtlinien, welche möglichst senkrecht zueinander liegen, kann ohne weitere Hilfsmittel eine ausreichend genaue Standortbestimmung durchgeführt werden.
- Durch einen unmittelbaren Umgebungsvergleich zwischen Naturbild und Karte lassen sich dann Klarheit und Genauigkeit noch weiter erhöhen.

Orientierung mit weiteren Hilfsmitteln

Überblick über einsehbares Gelände, Gebietskenntnisse, Landkarten und Wegbeschreibungen genügen häufig nicht, ein beabsichtigtes Ziel im Gelände zu erreichen. Nicht nur bei eingeschränkten Sichtverhältnissen, sondern auch bei gutem Wetter ist der Bergsteiger auf zusätzliche Geräte angewiesen. Dies betrifft vor allem die genaue Bestimmung des Standortes, der momentanen Höhe sowie der Marschrichtung.

Praxistips:
- Kompaß und Höhenmesser sind für den Bergsteiger unentbehrliche Ausrüstungsgegenstände.
- In Zukunft dürfte auch das elektronische Satellitennavigationssystem GPS (Global Positioning System) an Bedeutung gewinnen.

Links:
Geländeformen und ihre zeichnerische Darstellung mit Höhenlinien

69

THEORETISCHE GRUNDLAGEN

Orientierung mit Bussole

Das Prinzip des Kompasses kennen wir seit der Jugend: Das mit »Nord« bezeichnete Ende der frei schwingenden Magnetnadel zeigt in Richtung des magnetischen Nordpols, der sich ungefähr in der Nähe des geografischen Nordpols befindet. Die Mißweisung beträgt in Mitteleuropa ca. ein Grad westlich von Nord und ist auf der Windrose des Kompasses (360-Grad-Einteilung mit Angabe der Himmelsrichtungen Nord, Ost, Süd und West) eingestellt.

Ein für die Orientierung im Gelände tauglicher Kompaß wird auch »Peilkompaß«, »Marschkompaß« oder »Bussole« genannt und hat außer Magnetnadel und Windrose noch Zusatzeinrichtungen.

Feststellen der Himmelsrichtungen

Die einfachste Übung mit dem Kompaß: Man stellt die Nordmarke der Windrose auf die Ablesemarke auf dem Gehäuse (Indexmarkierung) ein und dreht sich dann mit dem Kompaß in der Hand so lange, bis die Nordspitze der Magnetnadel mit der Mißweisung zur Deckung kommt. Damit blickt man genau nach Norden und kann auch alle anderen Himmelsrichtungen ablesen.

Einnorden der Karte

Fehlen markante Geländepunkte, so kann die Karte leicht mit Hilfe des Kompasses eingenordet werden.

Wieder wird die Nordmarke der Windrose auf die Ablesemarke gedreht. Dann legt man die Anlegekante des Gehäuses parallel zu einer von Nord nach Süd verlaufenden Gitterlinie oder der Seitenlinie der Karte. Auch die Übereinstimmung des West-Ost-Bandes auf der durchsichtigen Kompaßdose mit der Schriftrichtung eines Ortsnamens erfüllt diese Aufgabe.

Dreht man jetzt die Karte mit dem darauf liegenden Kompaß so lange, bis die Magnetnadel-Nordspitze genau auf die Mißweisung zeigt, ist die Karte eingenordet. Die Himmelsrichtungen auf der Karte stimmen nun genau mit denen der Natur überein.

Damit wird der Vergleich zwischen Karte und Gelände und das Bestimmen unbekannter Geländepunkte wesentlich erleichtert. Vorausgesetzt, man kennt seinen Standort auf der Karte, liegen Geländepunkte jeweils in der gleichen Richtung wie auf der Karte.

Ob sie allerdings auch einsehbar sind, muß dann erst noch ein genaueres Studium der Höhensituationen und der einzelnen Entfernungen ergeben.

Peilkompaß mit Zusatzeinrichtungen

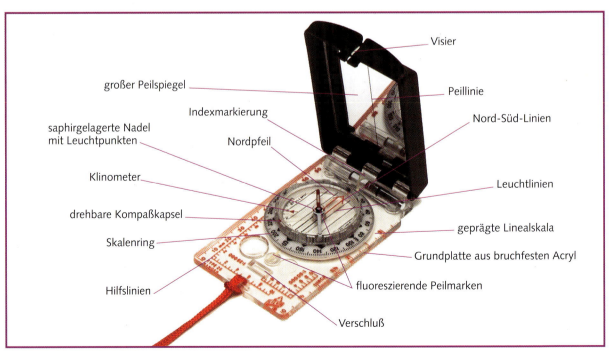

Orientierung

Ermitteln der Marschrichtung (aus der Karte ins Gelände)

Ist man sich über die Richtung des weiteren Weges nicht sicher, so kann diese mit dem Kompaß aus der Karte heraus relativ leicht ermittelt werden.

Praxistips:
- Den Kompaß auf die Karte legen, und zwar so, daß die Anlegekante in Marschrichtung vom Standort (der natürlich bekannt sein muß) zum gewünschten Ziel weist.
- Die Windrose so drehen, daß die Nordmarke der Windrose mit der Nordrichtung der Karte übereinstimmt. Die Anlegekante bleibt hierbei unverändert, die Ausrichtung der Magnetnadel ist ohne Bedeutung.
- Den Kompaß von der Karte nehmen und, ohne die Einstellung zu verändern, vor sich halten. Nun dreht man sich selbst so lange, bis sich die Nordspitze der Magnetnadel mit der Nordmarke (Mißweisung) der Windrose deckt. Die Ablesemarke auf dem Kompaßgehäuse bzw. die Peileinrichtung zeigt nun genau in Richtung des ausgewählten Zieles.
- Anschließend visiert man einen markanten Punkt in dieser Richtung an und geht auf ihn zu. Dort angekommen, wiederholt man die Peilung so oft, bis man das Ziel erreicht hat.

Dieses aufwendige Gehen nach Richtungszahlen ist praktikabel in relativ flachem und gut begehbarem Gelände (Mittelgebirge, skandinavische Gebirge). In Steilgelände oder unbegehbarem Gelände ist man aber in jedem Fall darauf angewiesen, einem Weg oder Steig zu folgen.

Ermitteln unbekannter Geländepunkte durch Vorwärtseinschneiden (aus dem Gelände in die Karte)

Der eigene Standort ist bekannt. Oft ist die Bestimmung unbekannter Geländepunkte durch Einnorden der Karte und Vergleich von Natur und Karte möglich. Gelingt dies nicht, so kann man den Kompaß zu Hilfe nehmen.

Praxistips:
- Man visiert das unbekannte Ziel an und stellt die Richtungszahl fest.
- Dann legt man den Kompaß so auf die Karte, daß das hintere Ende der Anlegekante am eigenen Standort ist. Das Gehäuse dreht man nun, ohne die Einstellung der Windrose zu verändern, so lange um diesen Punkt, bis die Nordmarke der Windrose mit der Nordrichtung der Karte übereinstimmt.

Einnorden der Karte

Gehen nach Richtungszahl

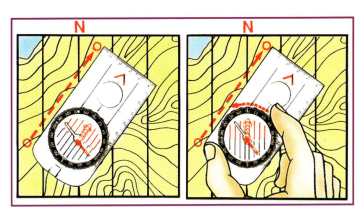

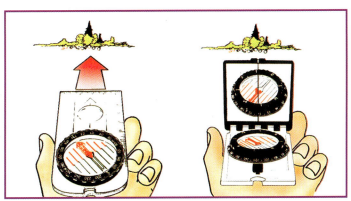

THEORETISCHE GRUNDLAGEN

Elektronischer Höhenmesser

- Vom Standort weg zieht man nun eine Linie der Anlegekante entlang in die Karte. Auf dieser Linie liegt das gesuchte Ziel. Kommen entlang dieser Linie mehrere Punkte als Ziel in Betracht, so bringen ein Abschätzen der Entfernung und der Höhensituation zusätzliche Genauigkeit.
- Ein Aspekt ist freilich wichtig: Der gesuchte Punkt muß auch auf dem Kartenausschnitt enthalten sein.

Feststellen des eigenen Standortes durch Rückwärtseinschneiden

Wie schon mehrfach erwähnt, sollte der Bergsteiger während der Tour das Gelände aufmerksam beobachten und des öfteren mit der Karte vergleichen, so daß er seinen momentanen Standort jederzeit angeben kann. Nur wenn der Punkt, an dem man sich befindet, bekannt oder feststellbar ist, lassen sich aus der Karte Anhaltspunkte für den weiteren geplanten Weg entnehmen.

Mit dem Kompaß können zwei bekannte Punkte, die sich auf dem Kartenausschnitt befinden, angepeilt und die beiden Richtungen zu diesen Punkten auf die Karte übertragen werden. Die Geraden zeichnet man mit Bleistift in die Karte ein. Der Schnittpunkt gibt dann den eigenen Standort an.

Das genaueste Ergebnis erzielt man, wenn man zwei bekannte Punkte wählt, deren Peilrichtungen sich in einem Winkel von ca. 90 Grad zueinander befinden. Zur Kontrolle kann noch ein dritter Punkt angepeilt werden. Meist schneiden sich diese drei Geraden wegen Meßungenauigkeiten nicht genau in einem Punkt, der Standort liegt jedoch innerhalb dieses sogenannten Fehlerdreiecks.

Orientierung mit Höhenmesser

Im Gebirge ist der Höhenmesser ein ständiger Begleiter. Hier spielt für die Orientierung die Kenntnis der momentanen Höhe eine große Rolle. Zudem lassen Luftdruckveränderungen Rückschlüsse auf einen Wetterwechsel zu.
Die Funktionsweise der barometrischen Höhenmesser beruht auf der Messung von Luftdruckunterschieden. Der Höhenmesser reagiert also nicht nur auf Luftdruckänderungen durch Höhenveränderung (1 hPa = Hek-

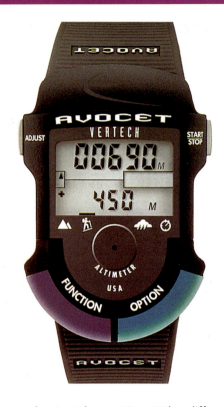

topascal entspricht ca. 10 m Höhendifferenz in Höhenlagen von 0 bis 2000 m), sondern auch auf Druckschwankungen durch Wetterwechsel. Innerhalb von 12 Stunden kann sich bei gleichem Standort die Höhenanzeige durchaus um 150 Meter verschieben. Will man eine zuverlässige Höhenmessung erreichen, so muß man den Höhenmesser an vermessenen Punkten wie Gipfeln oder Hütten immer wieder nachstellen.

Bei einer Bergtour kann der Höhenmesser in Verbindung mit der Landkarte folgende wichtige Informationen liefern:
- Bestimmung des Standorts: Diese geht sehr einfach und ist meist auch eindeutig. Der Standort ist der Schnittpunkt der Höhenlinie, die der Höhenmesser anzeigt, mit der Linie des Weges, auf dem man sich befindet.
- Steiggeschwindigkeit: Mit elektronischen Höhenmessern kann direkt abgelesen werden, mit wieviel Höhenmetern pro Stunde man gerade auf- oder absteigt. Daraus lassen sich Schlüsse über den Fortgang und den zeitlichen Verlauf der Tour ziehen.

Orientierung

Der Einsatz des GPS

Die Satellitennavigation mit dem GPS (Global Positioning System) wird zunehmend auch für Bergsteiger interessant. Die Geräte wiegen nur noch 300 bis 500 Gramm, die Peilung ist auf 50 bis 100 m genau. Was leider oft noch fehlt, sind die entsprechenden Koordinatennetze auf den Karten.

Die Möglichkeiten mit GPS:
- Standortbestimmung nach Koordinaten (UTM-Gitter oder Längen-/Breitengrade)
- Einspeichern einer großen Zahl von Wegpunkten durch Standortbestimmung oder durch Eintippen der Koordinaten (zum Teil können Wegpunkte direkt aus der Karte übernommen werden)
- Anzeige von Richtung und Entfernung zwischen Standort und beliebigem Punkt
- Anzeige der momentanen Marschrichtung und Geschwindigkeit

GPS-Gerät

Auf wenig erschlossenen Trekkingrouten ist eine gute Orientierung besonders wichtig

THEORETISCHE GRUNDLAGEN

TREKKING – WANDERN IN DEN BERGEN DER WELT

Trekking ist Bergwandern in erweiterten Dimensionen – Trekking heißt:
- tage-, ja wochenlang unterwegs sein, ganze Regionen aus eigener Kraft durchmessen
- einsame, menschenleere Berggebiete durchstreifen, den höchsten Gipfeln dieser Erde gegenüberstehen, Höhenluft schnuppern
- vollkommen auf sich und seine Gruppe gestellt sein, die eigene Verpflegung mitführen, im Zelt schlafen; Sonne, Wind und Schnee auf der Haut spüren
- fremden Kulturkreisen begegnen, die Bergvölker der Erde und das Leben in seiner einfachsten Form kennenlernen
- die kalten Wüsten Tibets, die Terrassenkulturen Nepals oder den Regenwald unter den Tropenbergen durchwandern
- mit Blutegeln, Durchfall und Höhenkopfschmerzen fertig werden

Am Fuße des Kangchendzönga (8594 m) in Ostnepal

Trekking heißt aber noch viel mehr. Das Unterwegssein aus eigener Kraft, mit einfachsten Mitteln und geringsten Ansprüchen ist der Schlüssel zum intensiven Erlebnis, zur Rückbesinnung auf die Wurzeln des Lebens. Für viele Menschen unserer hochtechnisierten Welt ist Trekking ein Gegenpol zur Berufsbelastung, die Verwirklichung ihrer Sehnsüchte nach elementarer Natur und dem Leben in und mit dieser Natur wenigstens für ein paar Urlaubswochen.

Aus eigener Kraft unterwegs sein heißt (nachdem Flugzeug, Bus und Geländewagen außer Sichtweite sind) Wandern zu Fuß, mit dem Fahrrad, dem Kajak oder auf Ski, je nachdem in welchem Gelände man unterwegs ist. Dieses Kapitel beschränkt sich auf das klassische Trekking zu Fuß; es ist ideal für den Einstieg, die anderen Formen erfordern bereits Erfahrung und routinierten Umgang mit dem jeweiligen Fortbewegungsmittel.

Selbst das klassische Trekking umfaßt eine große Bandbreite.
- Lodgetrekking erfolgt von Hütte zu Hütte, durch bewohnte Gegenden Nepals, die durch jahrzehntelanges Trekking entsprechend erschlossen sind. Die schönsten Routen liegen in gemäßigtem Klima und bewegen sich auf einfachen Wegen. Als Unterkünfte dienen einfache »Lodges« von Einheimischen, bei denen man auch eine warme Mahlzeit bekommt. Mit einiger Erfahrung kann man Lodgetrekking auch als Individualtrekker durchführen.
- Komforttrekking wird mit Führer, Koch, Küchenzelt, Tischen und Stühlen sowie einer Begleitmannschaft durchgeführt, die die gesamte Ausrüstung und Verpflegung trägt. Der Trekker hat nur seinen Tagesrucksack mit Fotoapparat, Videokamera, Handtuch und Trinkflasche zu schultern. Vom Frühstückstee über den Lunch bis zum Dinner wird alles serviert, Auf- und Abbau der Zelte ist Sache der Begleitmannschaft. Diese Art von Bergsteigerreisen erfordert am wenigsten Vorbereitungsaufwand, da sie von verschiedenen Reiseveranstaltern als Pauschalreise ab Europa angeboten wird.

Trekking

Küchenträger bei einem klassischen Trekking in Nepal

Vorbereitung

Damit der Weg ein Genuß bleibt, sollten nur Trekkingreisen gewählt werden, die der sportlichen Leistungsfähigkeit, insbesondere der Grundlagenausdauer, entsprechen. Die Anforderungen der Routen, also die täglich notwendige Wanderleistung, die Höhenunterschiede, die Schwierigkeit des Weges, die Höhenlage usw., sind in den Reisebeschreibungen genau aufgeführt. Allerdings sollten nicht nur die Veranstalterprospekte, sondern auch »neutrale Literatur« gelesen werden. Das Studium von Landkarten ermöglicht ein objektives Bild von den zu erwartenden Anforderungen. Von einigen Gebieten in Nepal, Pakistan, Peru und Bolivien gibt es gute Landkarten des Alpenvereins.

Praxistips:

- Besonders zu beachten ist die Anzahl der Tage, die man unterwegs ist. Schafft man drei Tagesetappen noch gut, so können bei mangelhafter Grundlagenausdauer 13 Tage, täglich sechs Stunden bergauf und bergab auf den Beinen, eine allgemein starke Erschöpfung zur Folge haben und die Tour zur »Tortur« werden lassen.
- Wichtig sind auch die klimatischen Bedingungen: Wie hoch sind sowohl die maximalen als auch die minimalen Temperaturen? Kleidung und Ausrüstung können zwar darauf abgestimmt werden, ein Mensch jedoch, der Kälte überhaupt nicht ausstehen kann, wird sich im tibetischen Hochland auf 5000 m einfach nicht wohl fühlen. Falls die Reise mit einem Besuch tropischer Zonen verbunden ist, sind Impfungen gegen Tropenkrankheiten sowie entsprechende Hygienemaßnahmen zu beachten.
- Die Höhenlage, in der sich die Tour bewegt, muß berücksichtigt werden. Höhen von 4000 bis über 5000 m sind bei Trekkingreisen keine Seltenheit; bei fehlender Anpassung kann daher die dünne Luft zum ernsten Problem werden. Gegen Höhenkrankheit gibt es keine Medikamente, leider auch keine Methoden des »vorbereitenden Höhentrainings«. Man kann also eine bevorstehende

- Expeditionstrekking ist Trekking durch einsame Gegenden, in größeren Höhen und mit Gipfelzielen. Eine Begleitmannschaft ist bis zum Basislager dabei, am Berg ist der Führer mehr beratend tätig. An die Teilnehmer werden also je nach Höhe des Gipfelziels und Schwierigkeit der Route erhebliche Anforderungen hinsichtlich Kondition, Selbständigkeit und bergsteigerisches Können gestellt.
- Individualtrekking, das Losziehen auf eigene Faust, ist für sehr erfahrene Fernreisende möglich. Es erfordert optimale Vorbereitung, Kenntnisse in der Landessprache und die Lust an der Auseinandersetzung mit Überraschungen. Wer auf die Unterstützung von einheimischen Begleitern (Führern, Trägern) verzichtet, nimmt wesentlich mehr Strapazen wie das Tragen eines schweren Rucksacks oder den Verzicht auf jeglichen Luxus auf sich. Einige der interessantesten Gebiete sind für Individualtrekker gesperrt, z. B. Mustang in Nepal oder Bhutan.

THEORETISCHE GRUNDLAGEN

Akklimatisation weder durch spezielle Trainingsmaßnahmen noch durch vorhergehende alpine Höhenaufenthalte fördern. Nur vernünftige Höhenanpassung zu Beginn und im Verlauf des Trekkings kann Höhenkrankheiten verhindern.
- Grundsätzlich gilt: Je mehr man über sein Reiseland weiß, desto mehr kann man es genießen.

Die Risiken sind bei Trekkinghochtouren und Expeditionsreisen andere und höhere als bei Wanderungen in den Alpen. In zivilisationsfernen und hoch gelegenen Gebirgen kann es, wenn überhaupt, Tage dauern, bis ein Rettungshubschrauber kommt. Das beste Rezept, Risiken nicht zum Ernstfall werden zu lassen, sind realistische Informationen, solide Vorbereitung und gezieltes Training. Auch eine gründliche medizinische Vorsorgeuntersuchung, ergänzt durch für das Bergsteigen wichtige Leistungstests, sollte nicht fehlen. Ein Vorbereitungs- und Trainingskurs des DAV Summit Clubs für Trekking und Expeditionsreisen bietet umfassende Informationen über die Besonderheiten, Risiken und speziellen Anforderungen.

»Early morning tea«

Training

Ein solider Ausdauertrainingszustand ist wichtig, um nach erfolgter Akklimatisation leistungsfähig zu sein. Die Leistungsfähigkeit reduziert sich ohnehin (auch im voll akklimatisierten Zustand) um 10 % pro 1500 hm.

Die körperliche Beanspruchung läßt sich folgendermaßen charakterisieren:
- Gehen auf Wegen und in weglosem Gelände
- 4–6 Std. pro Tag
- Höhenunterschiede 600–1000 m pro Tag
- Höhenbereich 2500–5500 m (5–35 % Leistungsminimierung)

Dies verlangt optimale Grundlagenausdauer, die schon als extreme Langzeitausdauer einzustufen ist. Zwischendurch ist zur Bewältigung von Steilpassagen eine mittelfristige Kraftausdauer erforderlich.
Das Training der Grundlagenausdauer sollte langfristig, also mindestens über sechs Monate, angelegt werden. Das Grundlagenausdauertraining ist nicht unbedingt an eine Sportart gebunden; ein Wechsel der bevorzugten Übungen (z. B. Laufen, Radfahren, Skilanglauf) kann sogar positiv sein. Wesentlich für die Wirkung ist der Kalorienverbrauch pro Zeiteinheit. Dieser wird durch eine Ausdauerbelastung des Herz-Kreislauf-Systems erreicht.

Praxistips:
- Als Trainingsbelastung für das Trekking sind 2 Std. pro Woche (z. B. 5 x 25 Min.) bei einer Intensität von 70 % der Herz-Kreislauf-Auslastung gefordert, das entspricht etwa einem Puls von 180 minus Lebensalter.
- Einmal pro Woche sollte eine extensive mehrstündige Ausdauerbelastung im submaximalen Bereich erfolgen, z. B. in Form einer längeren Bergtour oder Radtour.
- Eine deutliche Wirkung kann nach 10–12 Trainingswochen festgestellt werden.

Für die im Vordergrund stehende leistungslimitierende Höhenanpassung ist die Fitneß aber unbedeutend.

Trekking

Organisation

Das Organisieren einer Trekkingreise ist nicht einfach, und als Anfänger ist man gut beraten, wenn man sich zunächst einem professionellen Veranstalter anvertraut. Spezialisten auf diesem Gebiet bieten so ziemlich alles an, was man sich vorstellen kann. Der Veranstalter übernimmt dann sämtliche reisetechnisch notwendigen Besorgungen: Flug, Visa, Hotels, Fahrdienste, Trekkinggenehmigung, Trekkingausrüstung wie Küche oder Zelte, Träger und örtliche Führer. Um Impfungen für Tropengebiete und persönliche Ausrüstung muß man sich rechtzeitig selbst bemühen.

Ein europäischer Bergführer betreut die Gruppe von Anfang bis Ende, einheimische Führer und Begleitpersonal sorgen für die Wahl der richtigen Route, der Lagerplätze, für Verpflegung und sonstige Annehmlichkeiten.
Mit etwas Routine kann man sich auch direkt an eine Trekkingagentur in Nepal, Indien oder Pakistan wenden und Leistungen wie Anfahrt, Trekkingausrüstung, Verpflegung sowie einheimische Führer und Träger vereinbaren. Um Visa, Flüge, Permits, Ausrüstung usw. muß man sich dann natürlich selbst kümmern.

Zusätzliche Ausrüstung für Trekkingunternehmungen

Die im Kapitel »Ausrüstung« aufgeführte Wanderausrüstung ist auch auf längeren Trekkingtouren verwendbar. Allerdings sollte jedes Teil gründlich erprobt und besonders haltbar sein. Der beste Bergstiefel ist nichts wert, wenn man fern der Heimat nach dem ersten Marschtag Wasserblasen hat. Die zusätzliche Ausrüstung hängt von der Art des Trekkings ab, von den Temperaturen, Niederschlägen und technischen Schwierigkeiten.

Schlafsack

Er muß unbedingt warm genug sein, denn nichts ist schlimmer, als nachts zu frieren. Am besten hat sich noch immer die hochwertige Daunenfüllung bewährt. Die Größe muß reichlich bemessen sein, damit man auch einmal samt Kleidung bequem darin Platz findet.

Iso-Matte

Falls die Tour über Gletscher geht, unbedingt eine starke Matte nehmen, da sonst die Isolierung nicht ausreicht. Auch an der Größe sollte nicht gespart werden.

Anspruchsvolles Individualtrekking

Dem Zelt kommt überragende Bedeutung zu

77

THEORETISCHE GRUNDLAGEN

Zelt

Die Auswahl des Zeltes ist sehr stark von den klimatischen Bedingungen abhängig. In trockenen und warmen Gegenden genügt ein leichtes, dünnes Zelt; dagegen braucht man in Gegenden mit Regen, Schnee und Sturm ein optimales Zelt, das absolut dicht, stabil und wärmeisolierend ist. Dazu sollte es so geräumig sein, daß man darin kochen und sein Gepäck im Vorzelt unterstellen kann.

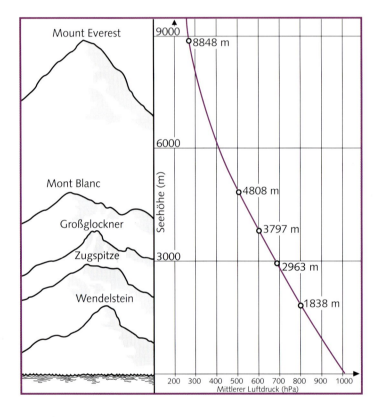

Abnahme des Luftdrucks und damit des Sauerstoffangebots mit steigender Höhe

Kocher

Beim Komforttrekking ist kein eigener Kleinkocher notwendig, da die Küche einen großen, robusten Kocher dabeihat. Beim Expeditionstrekking oder Individualtrekking ist ein eigener Kocher unerläßlich. Am sichersten und am einfachsten in der Handhabung sind Gaskocher, allerdings sind in manchen Ländern die Kartuschen nicht nachzukaufen. Im Flugzeug dürfen sie nicht mitgenommen werden, sondern müssen als Gefahrengut per Fracht transportiert werden. Benzinkocher sind in der Handhabung schwieriger, dafür gibt es den Treibstoff überall nachzukaufen. Den Umgang unbedingt zu Hause üben!

Das Gewicht der Ausrüstung spielt eine entscheidende Rolle, zumindest wenn man sie selbst tragen muß. Alles, was man mitnehmen will, muß daher besonders kritisch nach seinem Gewicht beurteilt werden.
Letztlich gilt der Ausspruch des Profi-Trekkers Bruno Baumann: »Minimierung der Ansprüche und der Ausrüstung heißt Maximierung des Erlebnisses.«

Höhenanpassung

Einer der Hauptreize des Trekkings ist das Erlebnis der Höhe. Viele Trekker wagen sich bis in 6000 m hinauf. Im Zusammenhang mit der Anpassung an große (3000 bis 5300 m) und extreme (über 5300 m) Höhen bekommen vor allem gesundheitliche Probleme bis hin zu lebensbedrohlichen Zuständen eine leider immer größere Bedeutung. Im Zentrum dieser wichtigen Thematik stehen die vielfältigen Auswirkungen ungewohnter Höhenlagen, vor allem des Sauerstoffmangels.

Die Reaktion auf ungewohnte Höhen ist individuell sehr unterschiedlich und beim Gesunden weitgehend altersunabhängig. Persönliche Höhenerfahrungen aus den Alpen können kaum auf die Weltberge übertragen werden: Es fehlen hier die Daueraufenthalte mit Übernachtung in größerer Höhe.

Höhenkrankheiten sind immer eine Folge von Fehlern in der Anpassungsphase und im taktischen Verhalten in der Höhe. Medikamente, die eine Höhenanpassung ersetzen könnten, gibt es nicht.

Akklimatisationsregeln bis 5300 m

Die generelle Höhenschwelle für die Akklimatisation und das mögliche Auftreten höhenbedingter Störungen liegt bei 3000 bis 3500 m Seehöhe. Jede Akklimatisation oberhalb dieser Höhenschwelle erfolgt stets in Stufen: nach erfolgter Anpassung an eine erreichte Höhe muß man sich beim Weitersteigen wieder neu akklimatisieren. Entscheidend für die Akklimatisation ist immer die Schlafhöhe.

Trekking

Praxistips:
- Immer so tief wie möglich schlafen.
- Pro 500 m zwei Nächte auf derselben Höhe schlafen.
- Pro Woche sollte die Schlafhöhe möglichst nicht um mehr als 1000 hm gesteigert werden.
- Die Tagesziele sollten maximal 1500 m darüber liegen.
- Möglichst mit leicht erhöhtem Oberkörper schlafen.
- Unnötige Anstrengungen, vor allem wenn sie mit Preßatmung verbunden sind, möglichst vermeiden.

> Der wichtigste Grundsatz lautet also: Etappenweises Höhersteigen – Schlafhöhe stets niedriger als erreichte Tageshöhe!

Grobe Anhaltspunkte zur Akklimatisationsdauer sind:
- In 5000 m Höhe benötigt man 2–3 Wochen Akklimatisationszeit.
- Oberhalb von 5300–5500 m findet keine Akklimatisation mehr statt.

In der Höhe muß unbedingt viel getrunken werden. Die wegen des Sauerstoffmangels stärkere Atmung, die kalte und trockene Luft und die Anstrengung bewirken einen starken Wasserverlust, ohne daß man ein übermäßiges Durstgefühl verspürt.

Typische Formen der Höhenkrankheit und notwendige Reaktionen

Akute Höhenkrankheit (AHK)
- Frühsymptome: Tritt in der Regel erst ab etwa 3000 m Seehöhe auf. Höhenkopfschmerz, Übelkeit, Appetitlosigkeit, Schlafstörungen, ungewohnter Leistungsverlust, Ruhepulsanstieg um mehr als 20 %.
- Sofortmaßnahmen bei Frühsymptomen: Kein weiterer Anstieg; verschwinden die Symptome nicht bis zum nächsten Morgen, muß abgestiegen werden. Kein Flaschensauerstoff, möglichst keine Medikamente.

Beginnendes Höhenödem
- Warnsymptome: Ein beginnendes Höhenödem macht sich durch plötzlichen, rapiden Leistungsabfall, schwere Kopfschmerzen, Atemnot bei Anstrengungen, Schlaflosigkeit, schwere Übelkeit bis Erbrechen, trockenen Husten, Schwindel, Benommenheit, Gang- und Stehunsicherheit bemerkbar.

- Sofortmaßnahmen bei Warnsymptomen: Sofortiger Abstieg (nötigenfalls auch nachts) um mindestens 500 hm, zumindest aber bis zu einer deutlichen Besserung der Beschwerden. Ist ein Abstieg in dieser Phase mit Anstrengungen für den Betroffenen verbunden, muß er getragen werden.

Manifestes Höhenlungenödem bzw. Höhenhirnödem
- Alarmsymptome: Diese sind Atemnot in Ruhe, vernunftwidriges Verhalten, Sehstörungen, schwere Halluzinationen, Bewußtseinsstörungen, schwerer Husten mit schaumigem Auswurf, deutlich hörbare Rasselgeräusche beim Atmen.
- Sofortmaßnahmen bei Alarmsymptomen: Sofortiger Abtransport (niemals selbst gehen lassen) mit Zielhöhe unter 3500 m; sofort aber um mindestens 300 m tiefer. Wenn vorhanden, zusätzliche Sauerstoffbeatmung.

Übernachtungen in großer Höhe setzen gute Akklimatisation voraus

THEORETISCHE GRUNDLAGEN

Die schönsten Trekkinggebiete

Nepal – Himalaja

Hier liegen die Wurzeln des klassischen Trekkings: Wandern durch die Täler und über die Höhenrücken des Himalajas, dabei ständig die höchsten Berge der Welt vor Augen. In Nepal steht nicht nur der höchste Berg der Erde, der Mount Everest, sondern noch weitere sieben der 14 Achttausender.

Die Hügellandschaft Nepals ist immer noch fast ausschließlich »Fußgängerzone«; alle Menschen sind hier also zu Fuß unterwegs, auf schmalen Steigen, von Dorf zu Dorf. Die Erschließung mit Straßen erfolgt wegen der Geländeschwierigkeit und des Geldmangels nur langsam.

Absoluter Höhepunkt ist die Wanderung durch das Gebiet der Sherpas in den Tälern des Solo Khumbu in der Everest-Region. Einige Gipfel, zum Teil über 6000 m, sind im Rahmen einer Trekkingtour gut zu besteigen.

Unterschiedliche Höhenlagen in Nepal: Terrassenlandschaft mit Blick auf die Achttausender (unten), buddhistischer Tempel vor dem Ama Dablam im Everest-Gebiet (rechte Seite)

Pakistan – Karakorum

Trockenheit, riesige Gletscher und eisige Berge charakterisieren diese karge Landschaft. Eine gigantische Tour ist der Vorstoß in das Herz des Karakorums, über den Baltorogletscher zum Fuß des K2, des zweithöchsten Berges der Erde. Das Wandern hier ist wegen der klimatischen und geografischen Bedingungen wesentlich härter als in Nepal.

Die Andenländer Südamerikas – Bolivien, Peru, Ecuador

Die riesige Cordillere mit ihren unendlichen Hochflächen und unzähligen Gipfeln über 5000 und 6000 m bietet unzählige Trekkingmöglichkeiten mit Gipfelbesteigungen. Den Gepäcktransport übernehmen Arrieros mit ihren Tragtieren.

Der höchste Gipfel des amerikanischen Kontinents, der Aconcagua (6958 m), kann im Rahmen eines Expeditionstrekkings bestiegen werden.

Trekking

THEORETISCHE GRUNDLAGEN

Apotheke für Bergsteiger und Trekker

Allgemein: Die einzelnen Module sind gut aufeinander abgestimmt, es können aber je nach Bedarf individuell noch Arzneimittel ausgetauscht werden (z. B. zwischen Modul 1 und 2 oder 4 und 5). Der Inhalt der einzelnen Module ist wasserdicht in beschriftete Plastikbeutel verpackt. Als äußere Verpackung eignet sich ein stabiler Reißverschluß-Beutel (kleine Tasche: ca. 18 x 12 x 6 cm), außen mit einem roten Kreuz gekennzeichnet. Schon vorhandene Erste-Hilfe-Apotheken können gut ergänzt werden. Bitte Medikamente nur bei eigener Erfahrung und Notfällen verabreichen, ansonsten Beipackzettel und Verfallsdatum beachten sowie rechtzeitig austauschen! Rp bedeutet rezeptpflichtige Medikamente (= nur nach ärztlicher Verschreibung).

Modul 1 – Standardset (Gewicht Modul 1 A: 120 g, 1 B: 150 g)
Diese medizinische Notfall-Grundausstattung (relativ klein und leicht) sollte immer dabei sein, auch im Klettergarten und bei Halbtagestouren.

A: 1 steriles Verbandspäckchen (8 cm breit)
    2 Heftpflasterstreifen (schmal, breit, je 10 cm lang)
    1 steril verpacktes (Rundum-) Pflaster (außen 7 x 5 cm)
    3 Steristrips (6 x 75 mm): sterile (Klammer-) Pflasterstreifen für größere Wunden
    1 Rolle Tapeverband (2,5 cm breit, 5 m lang, auch für Reparaturen)
    5 mittelstarke Schmerztabletten: Paracetamol comp Stada
      (500 mg + 30 mg Codein, Rp)
    2 starke Schmerztabletten: Tramadol 50 mg (für echte Notfälle! Rp)
    1 Wunddesinfektions- und Heilmittel: Mercuchrom 15 ml (mit 2 Wattestäbchen, Rp)
B: 1 Erste-Hilfe-Zusammenfassung, Lagerungs- und Verbandstechniken, Apotheken-Infos
    2 sterile Kompressen (7 x 7 cm), 1 Paar (Gummi-) Schutzhandschuhe (groß)
    1 sterile nichtklebende Wundauflage (6 x 7 cm, v. a.): für blutende/nässende Wunden)
    1 Dreiecktuch schwarz: zum Ruhigstellen/Verbinden, auch als Ersatz-Hals-/Kopftuch,
    1 Aluminium-Rettungsfolie (210 x 160 cm): zur Wärmeerhaltung durch Körperreflexion

Modul 2 – Survivalset (am besten in der Apotheke aufgehoben, Gewicht: 55 g)
Diese nützlichen Kleinigkeiten sind vor allem für kleine Reparaturen an der Ausrüstung oder für sonstige Improvisationen und Notfälle, z. B. beim Biwakieren, gedacht.

1 Nähnadel und kräftiger Zwirnsfaden
1 kleiner Bleistift und Schreibpapier (Klebezettel)
1 Feuerzeug und 1 Schachtel Streichhölzer
1 kleine, selbststehende Kerze (Teelicht)
1 dünner, biegsamer Draht (50 cm, 1,2 mm) und 1 Kabelbinder (Plastikklemmschlaufe)
2 Sicherheitsnadeln (groß, klein)
2 Hohlnieten (groß, klein)

zusätzlich: 1 funktionelles Allzweckmesser mit Schere

Trekking

Modul 3 – Ergänzungsset (für alpine Touren, Gewicht: 120 g)
Dieses Set ist – zusammen mit Modul 1 und 2 – für längere Unternehmungen (mehrtägige Bergfahrten, Hochtouren, Urlaube) und/oder für eine größere Gruppe gedacht.

A: 1 Bepanthen Salbe 5 g: (Universal-) Augen-, Nasen-, Wundheilsalbe
    5 Nasivinetten-Einzelpipetten: verstopfte Nase, Schnupfen
    5 Metoclopramid ratio Tabl. (Rp): Übelkeit, Erbrechen, Magenstörung (3 x 1 Tabl.)
    10 Ibuprofen KD 400 (Antirheuma, Rp): Muskel-Gelenk-(Höhenkopf-)Schmerzen
    1 Dolobene Sportgel (10 g): Prellung, Zerrung, Verstauchung, Schwellung
B: 1 Mull- bzw. Verbandsbinde (8 cm): für Kompressenfixierung und Salbenverbände
    1 elastische (Acryl-) Klebebinde (8 cm): stabil, haftend, hypoallergen (gut und teuer!)

zusätzlich: Sonnenschutzmittel (Schutzfaktor mind. 10!) und Lippenstift. Weitere Ergänzung z. B. durch mehr Verbandsmaterial, 1 Sport- bzw. Rheumasalbe oder breites Tape (3,5 cm), je nach Tourenlänge und Gruppengröße (Modul 1–3: ca. 550 g inkl. Tasche).

Modul 4 – Fernreiseset (abseits der Zivilisation, Gewicht: 120 g)
Zusätzlich zum Modul 3 (Ergänzungsset) ist dieses Set besonders nützlich in Ländern, in denen der medizinische Standard niedriger ist bzw. in denen man längere Zeit allein unterwegs ist. Hierzu gehören v. a. Mittel gegen Magen-Darm-, Erkältungs- oder sonstige Infektionskrankheiten. Eine individuelle reisemedizinische Beratung wird sehr empfohlen, v. a. auch wegen evtl. notwendiger Schutzimpfungen, Malariaprophylaxe oder länderspezifischer Besonderheiten.

6 Elektrolyt-Zucker-Beutel (Elotrans): Mineralersatz bei starkem Durchfall (3 x 1)
10 Loperamid ratio (=Imodium) Tabl.: starker Durchfall, 1–2 Tabl. (max. 6 x pro Tag)
10 Ambroxol ratio Tabl. (schleimlösend, Rp): verschleimter Husten und Bronchitis (3 x 1)
10 Cotrim forte ratio Tabl. (Antibiotikum, Rp): schwere Infektion und chron. Durchfall (2 x 1)
1 Aureomycin (antibiot. Augen-) Salbe (Rp): Augen-, Haut- und Wundinfektion (5 g Tube)
1 Tramadol 100 mg Ampulle (Rp): sehr starke Schmerzen (in Muskel spritzen!)
1 Spritze 2 ml, 1 Kanülennadel (blau), 1 Alkoholtupfer: für Injektionen
1 elektronisches Thermometer: Messung von Fieber und Unterkühlung

Modul 5 – Höhenset (für Trekkingtouren und Expeditionen, Gewicht: 40 g)
Hier ist vor der Reise unbedingt eine spezielle persönliche höhenmedizinische Beratung über Einsatzbereiche, Dosierungen, Nebenwirkungen und Gefahren notwendig.

10 Diamox (Acetazolamid, Rp): 2 x 250 mg pro Tag gegen Höhenkrankheit
    (als Vorbeugung in niedriger Dosierung nur in Ausnahmefällen nach ärztlicher Beratung)
10 Adalat (Nifedipin) retard (Rp): 4 x 20 mg Tabl. pro Tag bei Lungenödem
5 Dexamethason 4 mg Tabl. (Cortison, Rp): 2 x 4 mg, dann 3–4 x 4 mg/Tag bei Hirnödem
1 Dexa ratio Ampulle 8 mg (Cortison, Rp): bei Hirnödem, Allergie, Asthma, Schock
1 Spritze 2 ml, 1 Kanülennadel (blau), 1 Alkoholtupfer: für Injektionen
5 Halcion 0,25 mg Tabl. (Rp): 0,5–1 Tabl. als kurzwirkendes Einschlafmittel
5 Codein phosphoricum-Tabletten (Rp): bei chron. (Höhen-) Reizhusten (nur nachts)
10 Trental 400 ret. (durchblutungsförd., Rp): 3 x 1 Tabl. bei Erfrierungen (evtl. Prophylaxe)

Kleine Apotheke: Modul 1–3 + Tasche, 550 g
Große Apotheke: Modul 1–5 + Tasche, 700 g

Zusammenstellung: Dr. med. Walter Treibel, München, 11/2000

Umwelt- und Naturschutz

UMWELT- UND NATURSCHUTZ

Gelbe Hauswurz

Wandern ist ein herrlicher Ausgleich zu den Belastungen des Alltags und eigentlich die umweltfreundlichste Art, sich fortzubewegen. Ungewollt kann jedoch auch der Wanderer Belastungen für Natur und Umwelt verursachen. Im folgenden werden daher Möglichkeiten aufgezeigt, wie solche Beeinträchtigungen vermieden oder minimiert werden können und so ein aktiver Beitrag zum Schutz dieses einzigartigen Naturraums geleistet werden kann.

BEDEUTUNG DER ALPEN

Die Alpen sind ein in Europa einmaliger ökologischer Ausgleichsraum:
- Sie sind Rückzugsort für zahlreiche Tier- und Pflanzenarten.
- Gletscher und Quellen bieten vielen europäischen Großstädten bestes Trinkwasser, und große Stauseen versorgen nicht nur das angrenzende Flachland mit elektrischer Energie.
- Luftmassen werden in und über den Alpen erneuert und ausgetauscht. Man denke nur an einen heftigen Föhnsturm.

Almwirtschaft – ein Teil der alpinen Kulturlandschaft

Die Alpen sind aber auch von alters her Kulturland. So hatten beispielsweise die Kelten bereits 1000 v. Chr. auf dem Burgstall des Schlern (Südtirol) eine Brandopferkultstätte. Im Laufe der Jahrhunderte wurden die Alpen immer dichter besiedelt, meist zuerst die fruchtbaren Talböden, dann auch die Höhen. Bergwälder wurden in üppig blühende Almen umgewandelt. Die Waldgrenze ist zu diesem Zweck im gesamten Alpenraum um etwa 200 m nach unten gedrückt worden.

Den reichgegliederten Lebensraum vieler Tiere und Pflanzen, den für das Auge so erfrischenden Wechsel von geschlossenen Wäldern, Wiesen und Weiden verdanken wir also dem Menschen. Die Alpen sind Natur- und Kulturlandschaft.

Kein Wunder also, wenn die Alpen nach wie vor im Trend liegen: Rund 60 Millionen Langzeiturlauber tummeln sich alljährlich in den Bergen, und fast 70 Millionen kommen jedes Jahr als Tagesgäste in die Alpen. Doch gibt es daneben auch Regionen, die unter einer gegensätzlichen Entwicklung leiden: Ganze Täler in den Südalpen werden verlassen, die Kulturlandschaft verwandelt sich nach und nach in eine öde Wildnis.

Der Tourist bzw. der Wanderer kann diese Entwicklungen bewußt oder unbewußt unterstützen. Er kann im Trend der Zeit sich auf die Suche nach Golf- und Tennisplatz, nach Seilbahn und Swimmingpool machen oder aber einen bescheidenen, an ökologischen Kriterien orientierten Aufenthaltsort für seine Wanderungen auswählen.

Im folgenden ist zusammengestellt, was der einzelne in jedem Fall auf seinen Wanderungen zum Schutz dieses einmaligen Lebens-, Natur- und Kulturraumes beitragen kann.

Bedeutung der Alpen

UMWELT- UND NATURSCHUTZ IN DEN ALPEN

Anreise

Situation

Die Anreise zum Bergwandern in den Alpen erfolgt meistens mit dem Auto, oft von weit her. Öffentliche Verkehrsmittel werden kaum genutzt, weil sie im Vergleich mit dem Auto als zu teuer oder zu unbequem gelten. Eigentlich sind jedem die Folgewirkungen des Autoverkehrs bekannt: Waldsterben, Sommersmog, Ozonbelastung und Klimaerwärmung. Dennoch werden nur zögerlich Verbesserungen in Angriff genommen. Sowohl in der Politik als auch im Privaten ist das Umdenken in Sachen Verkehr noch unzureichend entwickelt.

In den Alpen wirken sich die Folgen des Verkehrs verschärft aus, denn nicht nur lebensnotwendige Lawinenschutzwälder werden zerstört, sondern es wird auch die Gesundheit der alpinen Bevölkerung aufs Spiel gesetzt. Chronische Atemwegserkrankungen bei Kindern sind in den engen Alpentälern ebenso wie in den Großstädten leider keine Seltenheit mehr. Daneben leidet die Attraktivität von Urlaubsorten unter dem Individualverkehr.

Immer wieder ist zu sehen, daß Autos Einfahrten versperren, Wege für Traktoren und Rettungsfahrzeuge unpassierbar werden oder eine Wiese als Parkplatz genutzt wird. Zudem fühlen sich Anwohner in der Nähe von vielbesuchten Ausgangspunkten durch Lärm und Abgase von an- und abfahrenden Autos und durch Türenschlagen gestört.

Konflikt:

- Zu häufiges Benutzen des Autos leistet einen Beitrag zur globalen Umweltbelastung.
- Lärmbelästigung und gesundheitliche Gefahren in tief eingeschnittenen Alpentälern schwören Auseinandersetzungen herauf. Weite Teile der alpinen Bevölkerung nehmen die Belastungen aus dem ständig anwachsenden Straßenverkehr nicht mehr stillschweigend hin. So wurde 1994 in der Schweiz der alpenquerende Schwerlastverkehr per Volksbeschluß von der Straße auf die Schiene verbannt.
- Anwohner werden durch Autolärm, Autoabgase, kreuz und quer geparkte Autos und zerfahrene Wiesen belästigt.
- Rettungsfahrzeuge werden durch parkende Autos behindert.

Recht:

- Das Parken auf Privatgrundstücken ist nicht automatisch erlaubt. Hat der Grundstückseigentümer ein Verbotsschild angebracht, muß dieses respektiert werden.
- Auch auf unbefestigten Wegen gilt die Straßenverkehrsordnung, so daß ein behinderndes Fahrzeug durchaus abgeschleppt werden kann.

Umweltfreundliche Anreise mit dem Fahrrad

- Das viele Jahre umstrittene Verkehrsprotokoll der Alpenkonvention wurde im Oktober 2000 einstimmig von allen acht Alpenländern verabschiedet. Inhalte des Verkehrsprotokolls: Auf den Bau neuer alpenquerender Straßen wird verzichtet, die Kosten neuer Bauten müssen von den Verursachern getragen werden, wesentliche Änderungen von Verkehrsinfrastrukturen müssen zwischen den Ländern abgestimmt werden, umweltverträgliche Verkehrsmittel werden begünstigt.

UMWELT- UND NATURSCHUTZ

Praxistips:
- Die Anreise mit öffentlichen Verkehrsmitteln ist nicht nur umweltfreundlicher, sondern oft auch weniger anstrengend. Insbesondere die Kombination Bahn und Fahrrad bietet sich fürs Bergwandern an. Und das Fahrrad eröffnet ein völlig anderes Landschaftserlebnis.
- Spezialisierte Reisebüros erleichtern das Zurechtfinden im teilweise recht undurchsichtigen »Fahrplandschungel«.
- Fahrgemeinschaften sind zum einen billiger, zum anderen bieten sie eine umweltbewußtere Anreisemöglichkeit, falls das Wandergebiet mit öffentlichen Verkehrsmitteln schlecht erreichbar ist.
- Für einen umweltbewußten Bergsteiger sollten Höhenmeter und Anfahrtskilometer in einem verantwortbaren Verhältnis zueinander stehen. Dies gilt insbesondere für Fahrten in weit entfernte Gebirgsgruppen oder ins Ausland.
- Vorhandene ausgewiesene Parkplätze benützen.
- Wenn auf Privatgrundstücken geparkt werden muß, kann eine Anfrage beim Besitzer nicht schaden.
- Nicht in Wiesen und Feldern zu parken ist eigentlich eine Selbstverständlichkeit.

Info Bahnverbindung in Deutschland:
- elektronisches Kursbuch der DB auf CD-ROM, erhältlich an vielen Bahnschaltern oder beim
  DB-Bestellcenter
  Postfach 1157
  53821 Troisdorf

Info Busverbindung im In- und Ausland:
- Fremdenverkehrsämter (oft auch Infos zu Kleinbustaxis)
- Busfahrplan der DB
- Fahrplanheft »Alpenbus« mit Fahrplänen des **gesamten** Alpenraums, erhältlich bei
  Fahrplansekretariat »Alpenbus«
  Postfach 34
  A-6926 Innsbruck

Informationen aus dem Internet:

Inland

http://www.bahn.de
Nationale Fahrplanauskunft der DB einschließlich Privatbahnen
http://www.busse-und-bahnen.de
Linkliste für Verkehrsbünde im Internet, Europa und weltweite Eisenbahnen
http://www.oepnv.de
Linkliste für europäischen Regionalverkehr und Verkehrsbünde
http://www.mercurio.iet.unipi.it/misc/timetabl.html
Linkliste European National Railways and Timetables
http://www.bayerninfo.de/efa
Fahrplanauskunft für regionale Busverbindungen in Bayern

Ausland

Österreich: **http://www.oebb.at**
Schweiz: **http://www.sbb.ch**
Italien **http://www.fs-on-line.com**
Frankreich: **http://www.sncf.fr** (französisch)
oder **http://www.sncf.fr/voy/indexe.htm** (englisch)

Unterwegs

Situation

Wanderwege erleichtern dem Bergsteiger nicht nur den Zugang in die herrliche Bergwelt, sondern ermöglichen ein entspanntes Wandern überhaupt. Neben stillen, verwunschenen Saumpfaden finden wir auch richtige »Wanderautobahnen« auf die Modegipfel in der Nähe von Ballungszentren.

Umwelt- und Naturschutz in den Alpen

Wanderwege dienen grundsätzlich der Lenkung und Kanalisierung von Erholungsuchenden. Das ist in ökologisch sensiblen Gebieten besonders wichtig.

Doch bleiben bei solch einer starken Frequentierung Trittschäden, Abkürzer an Wegschleifen, kleine Trampelpfade oder Lärm in der ansonsten stillen Bergwelt leider nicht aus. Ungewollt werden Tiere in ihrem Lebensraum beunruhigt, bei der Nahrungssuche oder beim Ruhen gestört. Häßlicher Müll auf Gipfeln oder entlang von Wanderwegen ist in den vergangenen Jahren allerdings dank gesteigertem Umweltbewußtsein fast vollständig verschwunden.

Auch Mountainbiker fahren mittlerweile auf den von Wanderern genutzten Wegen, egal ob es sich um breite, geschotterte Forst- und Almwege oder um schmale Wanderwege handelt.

Konflikt:
- Kleine Abkürzer oder Abschneider an Wegkehren haben manchmal große Auswirkungen: Je nach geologischem Untergrund und Hangneigung kann sich aus einer harmlosen Verletzung der Grasnarbe eine Erosionsrinne und schließlich eine großflächige Bodenzerstörung entwickeln. Erosionen sind zwar ein ganz normaler Vorgang im Gebirge, können aber örtlich zur Bedrohung von Wanderwegen oder gar zu deren Zerstörung führen.
- Wanderer abseits von Wegen oder außerhalb der üblichen Tageszeiten können unter Wildtieren erhebliche Unruhe verursachen. Das trifft vor allem im Herbst und in den leider immer häufiger schneearmen Wintermonaten zu. Wildtiere sind dann auf ausreichend Nahrung und

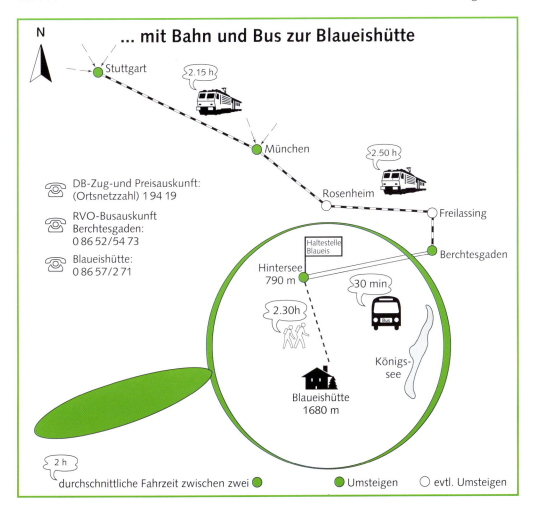

Anreise mit öffentlichen Verkehrsmitteln

UMWELT- UND NATURSCHUTZ

Schwarzes Kohlröschen

eine energiesparende Fortbewegung angewiesen. Daneben können Hunde zur Störung beitragen.

- Das Durchqueren einer Almweide mit einem Hund kann die Kühe sehr beunruhigen. Vorsicht ist vor allem bei Muttertierhaltung geboten! Die Rinder reagieren auf einen Hund aggressiv. Ein offengelassenes Weidegatter ärgert nicht nur den Almbauern, sondern kann auch die Weidetiere in ernste Gefahr bringen.
- Hinterlassener Müll ist häßlich und kann zur Verunreinigung von Wasser und Boden führen. Für Tiere besteht die Gefahr, sich ernsthaft zu verletzen.
- Nicht nur die Schalen von Zitrusfrüchten und Bananen, sondern auch heimische Obstreste verrotten im Gebirge nur sehr langsam, da aufgrund der niedrigen Durchschnittstemperaturen Bakterien und Bodentiere die Speisereste nur sehr langsam in Humus umwandeln.
- Das Pflücken von Pflanzen kann zum regionalen Rückgang einer Art oder gar zum Aussterben einer seltenen Pflanze führen.
- Rücksichtslose Montainbiker wie Wanderer schaden einem friedlichen Nebeneinander.

Weidegatter dienen dem Schutz des Viehs

Umwelt- und Naturschutz in den Alpen

Recht:
- In den Alpen gilt in aller Regel ein freies Betretungsrecht. Das heißt, daß »zum Zwecke der Erholung das Betreten der Flur jedermann auf eigene Gefahr gestattet ist«. Es kann jedoch mit einem Wegegebot eingeschränkt werden: In Schutzgebieten wie z. B. in Nationalparks, Naturschutzgebieten oder Wildschutzgebieten muß jeder auf dem Weg bleiben.
- Wiesen und Felder dürfen in der Nutzzeit nur auf Wegen betreten werden.
- In den jagdlichen Sperrgebieten Österreichs kann ein absolutes Betretungsverbot gelten. Es sind dann auch die Wanderwege gesperrt.
- Nach dem Forstrecht darf in Österreich Jungwald bis zu einer Höhe von 3 m nur auf Wegen betreten werden.
- In den meisten Schutzgebieten müssen Hunde an der Leine geführt werden.
- Das Mountainbiken ist in aller Regel auf Wegen erlaubt, die breiter als 1,5 m sind. In Österreich ist das Fahrradfahren auf Forststraßen aber aus versicherungsrechtlichen Gründen nicht gestattet, es sei denn, es handelt sich um eine ausgewiesene Montainbike-Strecke.

Der Alpensalamander bringt erst nach drei Jahren Tragezeit Junge zur Welt

Praxistips:
- Bitte die markierten Wege benützen – vor allem, wenn es sich um ein Wald- und Moorgebiet handelt. Das ist nicht nur bequemer, sondern auch im Sinne einer wohldurchdachten Lenkung durch ökologisch sensible Flächen.
- Wenn schon mal ein Abstecher abseits von Wegen gewagt wird, dann nur außerhalb von Schutzgebieten und oberhalb der Baumgrenze. Dort verursacht es meist die wenigsten ökologischen Schwierigkeiten. Zur Regel sollte diese mehr auf Abenteuerlust ausgerichtete Art zu Wandern aber auf keinen Fall werden.
- Jede Wegkehre auszulaufen erscheint zwar manchmal langwierig und mühsam. Es wird damit aber ein aktiver Beitrag zum Erosionsschutz geleistet.
- Hüttenversorgungswege befährt ein sportlicher und umweltbewußter Wanderer weder mit seinem Pkw noch mit dem Taxi.
- Pflanzen sollte man besser fotografieren, anstatt sie zu pflücken. Das ist nicht nur ein Beitrag zum Artenschutz. Auch der nächste Wanderer kann sich dann noch an der Blumenpracht erfreuen.
- Keinen Müll zu hinterlassen ist eine Selbstverständlichkeit. Auch kompostierbare Speisereste werden wieder mit ins Tal genommen.
- Den Hund in Waldgebieten und auf Almflächen anzuleinen kann auf keinen Fall schaden.
- Und: Nach dem Durchqueren einer Alm nicht vergessen, das Weidegatter wieder zu schließen.
- Mountainbiker nehmen auf Fußgänger besonders Rücksicht. Schmale Wege (single trails) werden nur befahren, wenn kaum Wanderer unterwegs sind. D. h., Stoßzeiten werden vermieden. Ein freundlicher Gruß von seiten der Bergradler kann Ärger von vornherein im Keim ersticken.

UMWELT- UND NATURSCHUTZ

Übernachten auf Schutzhütten

Situation

Die Alpenvereine waren einst mit Schutzhütten und Wegen Erschließer der Alpen. Heute bilden die Alpenvereinshütten einen wichtigen Baustein in der ökologisch verträglichen Lenkung und Kanalisierung großer Ströme an Bergwanderern. Mehrtägige Bergtouren in den Alpen sind ohne die Alpenvereinshütten gar nicht mehr denkbar. Neben den stark besuchten Hütten in den Modegebieten gibt es auch recht einsam gelegene, nur spärlich frequentierte Schutzhütten.

In den vergangenen zehn Jahren haben der Deutsche und der Österreichische Alpenverein gewaltige Anstrengungen unternommen, den Betrieb ihrer Hütten ökologisch auszurichten. Auf eine Erweiterung der Schlafkapazitäten auf Alpenvereinshütten wird grundsätzlich verzichtet. Die Schutzhütten sollen den einfachen Bedürfnissen von Bergsteigern entsprechen: Also keine Zweibett-Komfortzimmer, sondern ökologisch sinnvolle Zimmer und Matratzenlager mit Verwendung eines Hüttenschlafsacks aus Baumwolle oder Seide. Besonderes Augenmerk wird dabei auf eine umweltfreundliche Ver- und Entsorgung der Hütten gelegt.

Die einfachste Maßnahme für eine ökologische Energieversorgung ist zunächst, Strom zu sparen. Durch den Einsatz von Energiesparlampen und -geräten läßt sich der Stromverbrauch in einer Bergunterkunft um etwa 30 % senken. Die Kombination aus Wasser-, Wind- und Sonnenkraft ersetzt umweltbelastende Dieselstromaggregate. Kann man zu Spitzenzeiten, wenn große Mengen an elektrischer Energie in kürzester Zeit gebraucht werden, auf einen zusätzlichen Stromgenerator nicht verzichten, so werden diese Geräte umweltfreundlich mit Pflanzenölen betrieben.

Die dabei entstehende Abwärme wird mittels Wärmetauscher als Heißwasser für die Küche oder zur Beheizung von Trockentoiletten und Abwasserklärsystemen verwendet. Denn Fäkalien und Abwasser stellen auf einer Schutzhütte in 2500 m Höhe, wo in der Hochsaison große Abwassermengen mit hoher Schmutzfrachtkonzentration anfallen, ein riesiges Problem dar. Ein richtungsweisender Lösungsansatz ist die Trennung von Feststoffen im Trockenverfahren und die biologische Aufbereitung der verbleibenden »Grauwässer«. Kleinstlebewesen und Bodentiere wandeln Küchenabfälle und Fäkalien in fruchtbare Erde und biologisch sauberes Wasser um.

Ergänzt werden diese Systeme durch eine Solaranlage auf dem Hüttendach und last but not least den guten alten Kachelofen.

Eine moderne Alpenvereinshütte sollte also heute einem ökologischen Gesamtkonzept entsprechen. Wo das noch nicht geschehen ist, wird es noch nachgeholt werden. Denn die Alpenvereine haben das 1996 abgelaufene Zehnjahresprogramm für den praktizierten Umweltschutz auf Hütten und Wegen um weitere zehn Jahre verlängert.

Schwierig wird es für den Bergwanderer, wenn er in einem Gebiet unterwegs ist, in dem weder Hütte noch Biwakschachtel vorhanden sind. Hier muß er entweder große Marschleistungen bei exakter Planung vollbringen oder auf den Biwaksack zurückgreifen.

Photovoltaikgenerator und Sonnenkollektoren auf dem Dach der Sudetendeutschen Hütte in der Granatspitzgruppe

Umwelt- und Naturschutz in den Alpen

Solaranlage auf dem Brünnsteinhaus

Konflikt:
- Viele unserer Flüsse entspringen in den Alpen. Werden sie bereits hier verunreinigt, so bedeutet das eine Verschmutzung ab dem Quellgebiet. Auch der Hüttenbesucher verunreinigt bei leichtsinnigem Verhalten diese Gewässer.
- Die Energieversorgung mit einem Dieselstromaggregat stellt bereits beim Transport des Treibstoffes eine Gefahr für Grundwasser und Boden dar.
- Der Betrieb des Dieselstromgenerators ist ein Beitrag zur allgemeinen Luftverschmutzung.
- Überzogenes Komfortdenken auf einer Hütte, z. B. die Forderung nach einer heißen Dusche und einer Steckdose für den Fön, bedeutet eine erhebliche Belastung einer ökologisch äußerst sensiblen Region.
- Zurückgelassener Müll und Unrat sind für den Hüttenwirt ein kostspieliges ökologisches Problem, das es ordnungsgemäß zu lösen gilt.
- Wildes Zelten und Campen kann viel Unruhe in ein ansonsten ruhiges Gebiet bringen und damit eine Störung von Wildtieren mit sich bringen.

Recht:
- In vielen Ländern müssen die Alpenvereinshütten gemäß den jeweiligen gesetzlichen Verordnungen mit Systemen zur Abwasserreinigung ausgestattet werden.
- Für Transport und Lagerung von Dieseltreibstoff gelten strenge Verordnungen.
- Das Campen und Zelten ist in der freien Landschaft nur gestattet, wenn der Grundbesitzer (Almbauer, Gemeinde, Landratsamt) eine Erlaubnis dazu erteilt. In Schutzgebieten ist es grundsätzlich untersagt. Ausgenommen davon ist das Notbiwak.

Praxistips:
- Sparsamkeit und Bescheidenheit sind der wertvollste Beitrag zum Umweltschutz auf Hütten.
- Wenn Sie Ihren Rucksack selbst auf die Hütte tragen, muß der Materiallift nicht eingeschaltet werden. Sie vermeiden damit Schadstoffemissionen.
- Die Selbstversorgung aus dem Rucksack mit Brotzeitdose und Trinkflasche ist ökologisch sinnvoll und preisgünstig.

UMWELT- UND NATURSCHUTZ

- Ihren Müll nehmen Sie wieder selbst mit ins Tal. Der Hüttenwirt muß ihn aufwendig entsorgen, oftmals mit dem Lastlift oder Hubschrauber.
- Der Hüttenschlafsack aus Baumwolle oder Seide ist ein wichtiger Beitrag zum Umweltschutz. Er ist leicht, einfach zu gebrauchen und hygienisch. Die Wolldecken müssen dann weniger oft gewaschen werden, und der »Nachfolger« ist ebenfalls dankbar – zumal man ja selbst in der Regel ein Nachfolger ist.
- Gehen Sie sorgsam mit Wasser um – vor allem dann, wenn es sich um warmes Wasser handelt.
- Der elektrische Rasierer und der Fön sollten besser zu Hause oder im Tal bleiben. Naßrasur und Handtuch tun im Gebirge fast dieselben Dienste.
- Muß wirklich einmal gecampt werden, dann nur dort, wo Wildtiere keine auffällige Reaktion zeigen. Am besten lagern Sie oberhalb der Baumgrenze und niemals in Schutzgebieten. Verlangt ist stets ein besonders sensibler und umsichtiger Umgang mit der Umwelt. Der Lagerplatz muß so verlassen werden, wie man ihn vorgefunden hat – also ohne Feuerstelle, Fäkalien, Kompost- oder Müllreste.
- Und zu guter Letzt: Rücksicht auf den Mitmenschen ist auch eine Art von Natur- und Umweltschutz.

Die Isarquelle im Hinterautal, Karwendel

Umwelt- und Naturschutz in den Alpen

UMWELT- UND NATURSCHUTZ

Glossar

Abschneider: Trampelpfade, die eine Wegschleife (Haarnadelkurve) abkürzen, werden Abschneider genannt.

Betretungsrecht: In den meisten Ländern gilt ein sogenanntes freies Betretungsrecht, d. h., daß man gehen darf, wo man will. Das ist für Bergsteiger und Kletterer außerordentlich wichtig, sollte aber nicht über die Maßen strapaziert werden. In Schutzgebieten wird dieses Recht eingeschränkt.

Hüttenschlafsack: Dieser Schlafsack besteht lediglich aus einem dünnen Baumwollstoff oder aus Seide. Er dient der Hygiene und Sauberkeit von Schlafdecken.

Landschaftsschutzgebiet: Wie der Name schon sagt, dienen diese Gebiete vorwiegend der Erhaltung einer besonders schönen Landschaft. Der Wanderer hat meist mit keinem strengen Wegegebot zu rechnen.

Nationalpark: Gebiete mit dem schärfsten Schutzstatus und einer Fläche von mindestens 10 000 ha. Die Verordnungen sind je nach Land sehr unterschiedlich. In der Schweiz gilt z. B. ein sehr strenges Wegegebot.

Naturschutzgebiet: Das Naturschutzgebiet ist, verglichen mit dem Nationalpark, wesentlich kleiner. Es weist aber einen ähnlich scharfen Schutzstatus auf.

Pflanzenöle: Als Ersatz für umweltbelastende Dieselöle werden von den Alpenvereinen zum Betrieb von Spezialmotoren Pflanzenöle (z. B. Rapsöl) verwendet. Pflanzenöle haben die Wassergefährdungsklasse 0.

Photovoltaikanlage: Anlage, welche Sonnenenergie in elektrischen Strom umwandelt. Diese Anlagen dienen dem Betrieb von Notruffunkgeräten, aber auch der elektrischen Versorgung von Hütten.

Sonnenkollektoren: Sie dienen der Erwärmung von Brauch- und Heizwasser durch Sonnenenergie und arbeiten bereits bei diffuser Strahlung.

Trockentoilette: Das althergebrachte Plumpsklo wurde technisch so weit verbessert, daß die Fäkalien bereits in der Toilette rasch verrotten und kaum noch geruchsbelästigend sind.

Ruhegebiet: Instrument der Landesplanung. Im österreichischen Ruhegebiet bzw. in der »Zone C« in Bayern ist der Bau von Seilbahnen und Pisten untersagt. In einigen Gebieten gibt es auch Einschränkungen für den Besucher, z. B. ist das Gleitschirm- und Drachenfliegen untersagt.

Der Schärdinger Steig in den Loferer Steinbergen

Umwelt- und Naturschutz in den Alpen

Literatur

Die hier aufgeführte Literaturauswahl ermöglicht dem interessierten Leser, sich vertieft mit den Alpen und deren Erleben und Schutz auseinanderzusetzen.

Vertieftes Erleben:
- W. Dewald, W. Mayer, K. Umbach: »Bergsteigen mit Kindern«, Bruckmann Verlag
- K. Umbach, W. Dewald, R. Goedecke, H. Münch: »Mit Kindern und Jugendlichen im Gebirge. Ratschläge und Tips für Wanderungen«, Deutscher Wanderverlag
- J. B. Cornell: »Mit Kindern die Natur erleben«, Ahorn Verlag
- R. Gilsdorf, G. Kistner: »Kooperative Abenteuerspiele. Praxishilfe für Schule und Jugendarbeit«, Kallmeyersche Verlagsbuchhandlung

Vertieftes Wissen:
- W. Bätzing: »Die Alpen. Entstehung und Gefährdung einer europäischen Kulturlandschaft«, Verlag C. H. Beck
- H. Reisigl, R. Keller: »Alpenpflanzen im Lebensraum. Vegetationsökologische Informationen für Studien, Exkursionen und Wanderungen«, Gustav Fischer Verlag
- H. Reisigl, R. Keller: »Lebensraum Bergwald. Vegetationsökologische Informationen für Studien, Exkursionen und Wanderungen«, Gustav Fischer Verlag

Bestimmungsbücher:
- M. Lehmann: »Alpenblumen. Bestimmen auf einen Blick«, BLV Verlagsgesellschaft
- A. Lang: »Spuren und Fährten unserer Tiere«, BLV Verlagsgesellschaft
- C. Grey-Wilson, M. Blamey: »Pareys Bergblumenbuch«, Verlag Paul Parey
- H. Heinzel, R. Fitter, J. Parslow: »Pareys Vogelbuch«, Verlag Paul Parey
- E. Oberdorfer: »Pflanzensoziologische Exkursionsflora«, Verlag Eugen Ulmer

Ein Paradies auch für Wanderer: der Yosemite-Nationalpark in Kalifornien

ANHANG

Adressen und Telefonnummern der alpinen Vereine

Deutscher Alpenverein (DAV)
Bundesgeschäftsstelle:
Von-Kahr-Straße 2–4
90997 München
Tel. 0 89/14 00 30
Fax 0 89/1 40 03 11
E-Mail: info@alpenverein.de

Alpenvereinsbücherei und Alpines Museum
im Haus des Alpinismus:
Praterinsel 5
80538 München
Tel. 0 89/2 11 22 40
Fax 0 89/22 60 54
E-Mail: info@alpenverein.de

Alpine Auskunft DAV:
Tel. 0 89/29 49 40
www.alpenverein.de

Verband Deutscher Berg- und Skiführer (VDBS)
Geschäftsstelle:
Untersbergstraße 34
83451 Piding
Fax 0 86 51/7 12 21
www.bergfuehrer-verband.de

Österreichischer Alpenverein (ÖAV)
Wilhelm-Greil-Straße 15
A-6010 Innsbruck
Fax 00 43/5 12/57 55 28
www.alpenverein.at

Alpine Auskunft ÖAV:
Tel. 00 43/5 12/5 32 01 75

Alpenverein Südtirol (AVS)
Vintlerdurchgang 16
I-39100 Bozen
Tel. 00 39/04 71/97 81 41
Fax 00 39/04 71/98 00 11
E-Mail: office@alpenverein.it

Alpine Auskunft AVS:
Tel. 00 39/04 71/99 38 09
www.alpenverein.it

Schweizer Alpen-Club (SAC)
Monbijoustraße 61
CH-3000 Bern 23
Tel. 00 41/31/3 70 18 18
Fax 00 41/31/3 70 18 00
E-Mail: info@sac-cas.ch
www.sac-cas.ch

Die jeweils aktuellen Telefonnummern der alpinen Rettungsstellen und der Bergwetterberichte erfahren Sie bei den Auskunftsstellen der alpinen Vereine.

Notrufnummern in den Alpen

Europäische Notrufnummer 112
In Deutschland auch im Festnetz, außerhalb Deutschlands nur über Mobiltelefon (Handy) verwendbar, wird auf die landesüblichen Notrufnummern weitergeleitet.

Notrufnummern, auch von stationären Telefonen aus:
Deutschland, bundesweit 112
Rettungsleitstellen in Bayern (aus dem Festnetz ohne Vorwahl) 1 92 22

Österreich
Notruf – Bergrettung 140

Italien, Bergrettung Südtirol 118

Schweiz
Zuständiges kantonales Polizeikommando 117
Alarmnummer der REGA, ganze Schweiz
ohne Vorwahl 14 14
aus dem Ausland 00 41/1/14 14
im Kanton Wallis für alle Unfälle 144

Frankreich
Polizei 17
Notruf 18
Bergrettung Chamonix 04 50/53 16 99

Diese Liste ist nicht vollständig.
Für die Richtigkeit der Nummern kann keine Gewähr übernommen werden.

Aufbruch ins Bergabenteuer

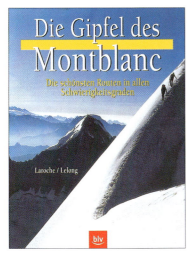

J.L Laroche / F. Lelong
Die Gipfel des Montblanc
Hochalpine Herausforderungen im Montblanc-Massiv für erfahrene Bergsteiger: 57 aktuelle Routen auf 50 Gipfel – von relativ einfachen Gletscherüberschreitungen über drei Anstiege auf den Montblanc bis hin zu extremen Klettertouren – mit atemberaubenden Fotos.

Michael Sachweh
Bergwetter für Sport und Freizeit
Alles über Wetter und Klima der Gebirgsregionen – Schwerpunkt Alpenraum – speziell für Wanderer, Bergsteiger, Kletterer, Mountainbiker, Skifahrer und Snowboarder, Segel- und Drachenflieger, Paraglider, Ballonfahrer, Segler und Surfer.

BLV Sportpraxis Top
Stefan Winter
Richtig Sportklettern
Sportklettern – erstmals ausführlich mit Bouldern (Klettern in Absprunghöhe); Ausrüstung, Bewegungstechnik und Taktik, Sicherungstechnik, Gesundheit, Training.

Pascal Sombardier
Die Klettersteige der Dolomiten
Die 50 schönsten Klettersteige in den Dolomiten und rund um den Gardasee; Beschreibung jeder Tour: An- und Abstieg mit großformatigen Fotos und Routenskizze; Kurzinfos zu jeder Tour: Ziel, Ausgangspunkt, Weglänge usw.

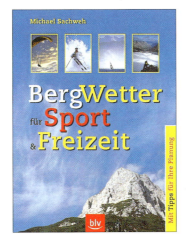

Michael Hoffmann
Lawinengefahr
Entstehung und Auslösung von Schneebrettern, Risiken richtig einschätzen, Schneedeckentests, richtige Entscheidungen treffen, Tourenplanung, Routenwahl.

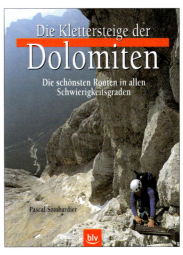

Karl Stankiewitz
Sieben Wochen meines Lebens war ich reich
Mit Poesie auf Wanderschaft: 20 literarische Wanderungen, die zu eigenen Erkundungen anregen, auf den Spuren bekannter Schriftsteller durch Landschaften und Städte in Oberbayern.

Michael Pause
Münchner Hausberge
68 Genusstouren in den Gebieten Bayerische Voralpen, Ammergauer Alpen, Wetterstein, Karwendel, Rofan, Kaisergebirge, Chiemgauer Alpen – mit Kurz-Infos zu Tourencharakter, Gehzeit, Eignung für Kinder oder als Winterwanderung, Hütten und Berggasthäusern.

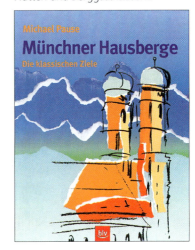

Der Alpin-Lehrplan in Neukonzeption

Michael Hoffmann / Wolfgang Pohl
**Alpin-Lehrplan Band 2:
Felsklettern – Sportklettern**
Klettertechniken, Stürzen und Taktik beim Sportklettern, Sicherungsmethoden, Ausrüstung, Wetter, alpine Gefahren, Orientierung, Erste Hilfe, Training, Umwelt- und Naturschutz.

Peter Geyer / Andreas Dick
**Alpin-Lehrplan Band 3:
Hochtouren – Eisklettern**
Gletscherwanderungen, Hochtouren, kombinierte Touren in Eis und Fels, Eisklettern in Eiswänden oder gefrorenen Wasserfällen, Expeditionen; Bewegungstechnik, Sicherungstechnik usw.

Peter Geyer / Wolfgang Pohl
**Alpin-Lehrplan Band 4:
Skibergsteigen – Variantenfahren**
Grundlagen und Techniken des Skibergsteigens und ihre praktische Umsetzung auf Skitouren, Skihochtouren, beim Variantenfahren und bei Skitouren mit dem Snowboard: Bewegungstechnik und Taktik, Sicherungstechnik, Theorie, Umwelt- und Naturschutz.

Stefan Winter
Sportklettern mit Kindern und Jugendlichen
Kletter- und Sicherungsformen, didaktisch aufgebaute Übungsvorschläge, spezielle Tipps für verschiedene Altersstufen, Recht und Versicherung, Vorbeugen von Überlastungsschäden und vieles mehr.

Pit Schubert / Pepi Stückl
**Alpin-Lehrplan Band 5:
Sicherheit am Berg**
Für Wanderer, Bergsteiger, Kletterer und Skibergsteiger aller Könnensstufen: die Ausrüstung und ihre Anwendung mit allen technischen Neuerungen und Verbesserungen, Sicherung und Sicherheit.

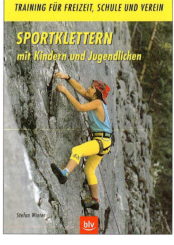

Im BLV Verlag finden Sie Bücher zu den Themen: Garten und Zimmerpflanzen • Natur • Heimtiere • Jagd und Angeln • Pferde und Reiten • Sport und Fitness • Wandern und Alpinismus • Essen und Trinken

Ausführliche Informationen erhalten Sie bei:
BLV Verlagsgesellschaft mbH • Postfach 40 03 20 • 80703 München
Tel. 089 / 12705-0 • Fax 089 / 12705-543 • http://www.blv.de